彩图青少版

中国科技通史

大国重器与新四大发明

江晓原 主编

CAITU QINGSHAOBAN
ZHONGGUO KEJI TONGSHI
DAGUO ZHONGQI YU XIN SI DA FAMING

接力出版社
Publishing House

图书在版编目（CIP）数据

彩图青少版中国科技通史. 大国重器与新四大发明 / 江晓原主编. —南宁：接力出版社，2019.12
ISBN 978-7-5448-6240-0

Ⅰ.①彩…　Ⅱ.①江…　Ⅲ.①科学技术-技术史-中国-青少年读物
Ⅳ.①N092-49

中国版本图书馆CIP数据核字（2019）第177244号

责任编辑：陈　邕　刘佳娣　　美术编辑：许继云
责任校对：杜伟娜　　责任监印：刘　冬
社长：黄　俭　　总编辑：白　冰
出版发行：接力出版社　　社址：广西南宁市园湖南路9号　　邮编：530022
电话：010-65546561（发行部）　　传真：010-65545210（发行部）
http: //www.jielibj.com　　E-mail: jieli@jielibook.com
经销：新华书店　　印制：北京尚唐印刷包装有限公司
开本：710毫米×1000毫米　1/16　　印张：6.75　　字数：116千字
版次：2019年12月第1版　　印次：2019年12月第1次印刷
印数：00 001—12 000册　　定价：39.80元
本书中的所有图片由朝阳春秋图像设计有限公司提供

目录

第一章 明末清初的中西科技交流

第一节 **中西科技交流的序幕正式开启** /003

1. 环球航行怎样重新打通欧亚商路 /003
2. 中西科技交流有哪些代表人物 /004

延伸阅读

徐光启四次落榜的科举之路 /007

第二节 **西方科技踏上古老的东方土地** /009

1. 古希腊的《几何原本》是怎样被介绍到中国的 /009
2. “南京教案”产生了什么样的影响 /012
3. 中西交流怎样在明朝民间进一步展开 /013
4. 《崇祯历书》经历了哪些波折 /015

第三节 **清朝初期坐失科技复兴良机** /019

1. 西方科技为什么在清朝初期传播受阻 /019

延伸阅读

“康熙历狱”案：一出惊心动魄的历法废立宫廷剧 /021

2. 为什么“天朝大国”缺乏近代科学萌芽的土壤 /025

中外科学技术对照大事年表（1912 年到 2000 年）

数学 /030

第二章 晚清至今扎根中国的西学

第一节 **中国各学科的近代化转型** /034

1. 中国科学教育是怎样缩短与西方的差距的 /034
2. 中国现代工程教育发展过程中克服了哪些困难 /038
3. 什么事件促进了中国医学近代化转型 /044
4. 中国现代著名的天文机构有哪些 /048

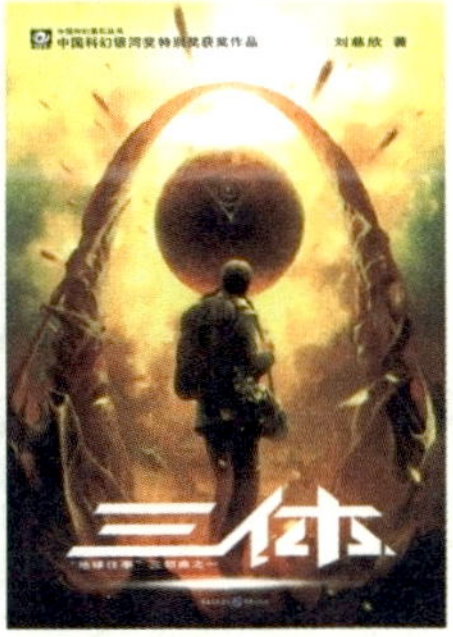

第二节　**从科幻文学到“科学大战”**　/052

1. 科幻文学：从参与科学到反思科学　/052

延伸阅读

为什么说《三体》开辟了中国科幻新纪元　/058

2. “科学大战”后中国有什么新观念　/059

中外科学技术对照大事年表（1912年到2000年）

物理　/062

第三章　**从跟跑到领跑：中国当代科技**

第一节　**坚船利炮：面对挑战的生存之本**　/068

1. 中华民族有着怎样的海洋伤痛　/068
2. 从“辽宁舰”到国产航母　/069
3. 正在建设的大型航母舰队　/071

第二节　**世界领先的中国高铁技术**　/073

1. 高铁与火车有什么区别　/073
2. 中国为什么大力发展高铁　/075
3. “复兴号”为什么被称为中国制造新名片　/078
4. 中国高铁未来有哪些新线路　/084

第三节　**走向全面振兴的中国科技**　/088

1. “两弹一星”与青蒿素研制　/088
2. 从上天入海到超级计算机　/091

知识拓展

改变中国，让世界惊叹的“新四大发明”　/096

中外科学技术对照大事年表（1912年到2000年）

航空、航天、通信　/098

Le Pere Matthieu Ricci.
Le Pere Adam Schaal.
Le Pere Ferdinand Verbiest.
INRI

第　一　章

明末清初的中西科技交流

中国传统文化与外国文化的大规模接触在历史上有两次：第一次是两汉、魏晋、隋唐时期印度文化的传入，第二次是明末清初以利玛窦、汤若望等人为代表的欧洲传教士把西方文化带入中国。第二次中西文化交流是在西方资本主义经济扩张、宗教改革、文化复兴，以及当时中国封建制度没落、科技文化停滞不前的特定历史背景下产生的。史学界把这次的中西文化交流称为“西学东渐”。

15—16 世纪，随着资本主义的萌芽和文艺复兴，欧洲人由向往东方转而开始了到东方寻求财富的活动，因而引发了新航路的开辟和新大陆的发现，更大规模的东西方文化交流随之展开。西学东渐的主角是西方的传教士，他们不但

是西方文化的主要传播者，也是中西文化的直接交流者。

随着资本主义的发展，欧洲的科学技术日臻完善，一些学科，如天文学、数学、物理学等已步入了近代化阶段。相对朝气蓬勃的西方，明末清初的中国封建制度日渐衰落，文化上停滞不前，科学技术更是远远落后于西方。在此背景之下，中国科技由“高势”变成了“低势”，因此，在明末清初的中西科技文化交流中，中国由以“输出”为主，不得不变为以“输入”为主。

◆ 徐光启著《农政全书》，书中总结了中国古代农业科学的成就

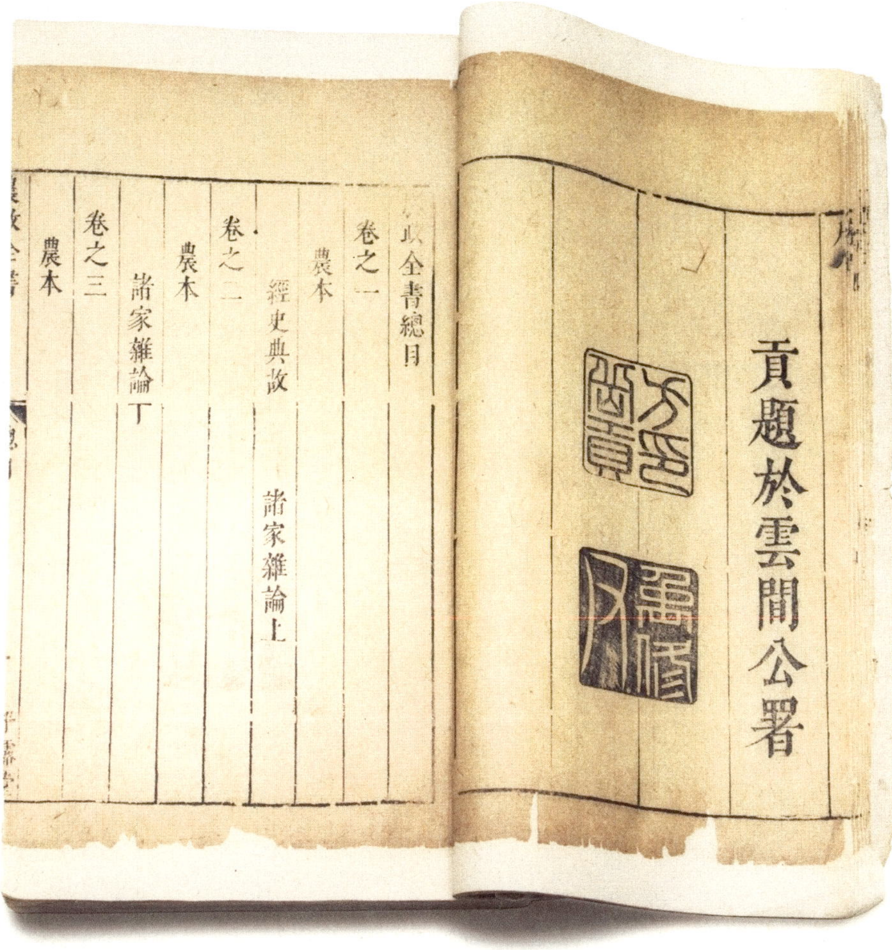

第一节

中西科技交流的序幕正式开启

1. 环球航行怎样重新打通欧亚商路

1498 年 5 月 20 日，由葡萄牙航海家达 · 伽马率领的船队到达印度西南海岸的卡利卡特(又称科泽科德，位于印度西南海岸，《明史》称古里国，是郑和下西洋时重要的途经之地)，从此开辟了从欧洲沿大西洋南下，经好望角绕过非洲大陆进入印度洋，最终到达东南亚的航海路线。这条航线使得欧洲商人得以避开当时陆上的强大阻隔——奥斯曼帝国，重新打通欧亚间的商路。

◆ 达 · 伽马重新打通往来欧亚间的商路

半个多世纪后的 1557 年，葡萄牙从事海上贸易的商人开始在中国南部沿海的澳门居住，澳门也由此逐渐成为欧洲商人们在东南亚的重要据点。

2. 中西科技交流有哪些代表人物

1562 年，一个婴儿在松江府上海县城南乔家浜（今上海市黄浦区乔家路）一户徐姓人家中呱呱坠地，这个婴儿的姓氏将被用来命名他和后代们居住的地方——徐家汇，他就是明末西学东渐的中流砥柱——徐光启。光阴流转，幼童长成。徐光启 20 岁那年的夏天，上海连降大雨，海水倒灌，淹没了无数庄稼和牲畜，饥荒肆虐。徐光启看到家乡人民遭受如此巨大的损失，深刻体会到农田水利才是百姓生活的重要保障，从此立下了明确而坚定的志向。两个月后，徐光启第一次参加乡试，遗憾的是，他落榜了。

几乎与此同时，一位比徐光启整整年长 10 岁的意大利人利玛窦（本名 Matteo Ricci，1552 年生于意大利马切拉塔，19 岁加入耶稣会，进入罗马学院学习。26 岁时被耶稣会派往印度传教，30 岁来到中国澳门，开始了在中国的传教生涯）踏上了澳门的土地。在澳门停留了数月，利玛窦和几位耶稣会的同事获得广

◆ 利玛窦向中国人传播西方天文、数学、地理等科学技术知识

东政府的允准，前往肇庆传教。

一场东西方文明交流的历史大剧，缓缓拉开了序幕。

此时欧洲文艺复兴运动正如火如荼地进行着，各门自然科学相继获得重大的发现，欧洲的科学水平已经显露出领先世界的趋势。利玛窦早年在罗马学院学习时，不仅接受了哲学和神学的教育，也学习了数学和天文。教他数理科学的老师克拉维乌斯，是16世纪欧洲一流的数学家和天文学家（现在通行于世界的公历——“格里历”就是由克拉维乌斯参与修订的）。

利玛窦很快发现，中国人对传教士从欧洲带来的诸多小玩意儿，比如钟表、三棱镜等物件感到十分新奇。利玛窦在他的旅行游记中多次提到了传教士们利用这些“新鲜”事物作为礼品，打通与地方政府的关系，谋取地方官僚对传教事业的支持和宽容的事例。在不断的摸索中，利玛窦意识到科学技术能成为传教的重要助推剂，他开始尝试在传教的同时，也向中国人传授欧洲先进的科学知识。

利玛窦在肇庆传教期间，利用自己的地理知识为中国人绘制了一幅世界地图，名叫《大瀛全图》。这幅世界地图向当时的中国人详细地介绍了世界五大洲的名称和分布，在长期以天朝大国心态自居的中国人心中产生了不小的震动。《大瀛全图》还传达了西方球形大地的地球概念，这也极大冲击了中国人传统认知中的天圆地方观念。

一石激起千层浪，利玛窦的《大瀛全图》引得当时的文人议论纷纷，有人惊叹，有人钦佩，也有人质疑。凭借这幅世界地图，利玛窦在中国的名声与日俱增，而地图本身也被中国人多次翻刻传播。

一次偶然的机会，屡次科举落榜的徐光启在南京拜访了利玛窦。这一见面，令徐光启对利玛窦的博学多闻大为钦佩，利玛窦也发现这位年近不惑的儒生拥有不凡的见识。虽然利玛窦不久便因传教需要而离开南京，但一次重大的历史合作就此埋下了伏笔。

1601 年，利玛窦来到北京，接触了不少在朝廷中任职的重要官员，其中就包括李之藻（1565—1630，明代科学家，学识渊博，精于天文历算、数学）。和徐光启一样，李之藻和利玛窦也相见恨晚，相互都非常赏识。李之藻在北京将利玛窦的世界地图再一次重刻，定名为《坤舆万国全图》。

1604 年，徐光启再次赴京参加会试，这一次他终于考中进士，20 多年的科举之路熬出了头。

考中进士之后的徐光启留在北京，担任翰林院庶吉士。这段时间成为徐光启一生中最惬意的时光，他与利玛窦、李之藻往来密切，徐光启和李之藻向利玛窦学习他从西方带来的天文、数学、力学等科学书籍。

◆ 传教士利玛窦与徐光启

延伸阅读

徐光启四次落榜的科举之路

1588年，徐光启经历了人生中的第二次落榜，对科举功名感到心灰意冷，但一想到家中贫苦，父母年高，他又不得不继续咬牙坚持。1593年，在第三次乡试落榜之后，徐光启迫于生计前往广东韶州教书。在南下的漫漫长路上，已过而立之年的徐光启备感前途茫然，可他绝对没有想到，一个重大的历史机遇正在前方等待着。

上海徐家汇光启公园徐光启像

徐光启在韶州教了两年书，一天，他在城中散步，恰好来到了位于城西的天主堂前。徐光启对在城中居住的外国人早有耳闻，此时路过，不由得好奇心起，便叩门拜访。一个身穿儒生服装、高鼻褐眼的洋人开门迎接了他，洋人自称郭居静（**本名 Lfizaro Catfino，耶稣会传教士，出身于意大利贵族。1594 年被派往韶州，协助利玛窦传教**）。交谈中，徐光启得知主事此堂的利玛窦神父不在堂内，他应朝廷官员的邀请正前往南京。这次拜访给在科举功名场上一再遭遇挫折的徐光启留下深刻印象。

两年之后，又逢乡试，徐光启赴北京应考。屡番不中的他险些再次落榜，幸亏张五典和焦竑两位考官慧眼识才，从落选的卷子中重新发现了徐光启，将徐光启从落榜考生直接提拔为解元（**举人的第一名**）。

一举成名天下知，“夺解神京”的徐光启一时声名大噪。然而，命运又给他开了个玩笑，京城解元徐光启在来年的会试上，居然又一次名落孙山，无缘殿试。通过会试的考生春风得意，等待着功成名就，而第四次落榜的徐光启只好回乡继续教书。

1600 年，徐光启赴南京看望因遭弹劾而赋闲的恩师焦竑。这时，南京城中有一位很受官员文人关注的人物，他就是向中国人介绍世界地图的利玛窦。据说，南京的两位官员赵可怀、吴中明对利玛窦的世界地图尤其关注，赵可怀重刻了利玛窦的世界地图，吴中明更是请利玛窦画了一幅更大、更详细的《山海舆地全图》。

徐光启曾看过这两幅地图，又想起数年前在韶州偶访郭居静的经历，于是欣然前往拜会利玛窦。两人一见如故，相谈甚欢，为日后两人的历史性合作奠定了基础。

1604 年，徐光启再次赴京参加会试，终于考中进士，为他 20 多年四次落榜的科举之路画上了圆满的句号。

第二节

西方科技踏上古老的东方土地

1. 古希腊的《几何原本》是怎样被介绍到中国的

1606 年秋天的一天，徐光启和往常一样与利玛窦探讨教义与科学知识。徐光启关心水利农政，其中有许多要用到测量学的地方。当他们说到测量学时，利玛窦告诉徐光启，古希腊大数学家欧几里得写了一部《几何原本》，被奉为传世经典，是西方科学的基础。他想把这部著作翻译成中文，将其中的内容传授给中国人，可这项工作十分艰难，数年来都没能完成。徐光启听后大为兴奋，决定和利玛窦一起完成这部书的翻译。

被派到中国的耶稣会士大多得学会中文。在肇庆期间，利玛窦和同事罗明坚（本名 Michele Ruggieri，

◆ 徐光启毕生致力于数学、天文、历法、水利等方面的研究

耶稣会传教士，意大利人）编写了一部《葡汉辞典》，帮助传教士了解和学习中文。在穿着上，耶稣会士起先选择僧服，后来认识到中国人对儒家学说的推崇，转而改穿儒服，以拉近与中国人的文化距离。

从此，每天下午三点到四点，徐光启都会来到利玛窦的居所，请利玛窦口译《几何原本》中的内容，自己用笔记录，精炼译文。有许多不懂的地方，徐光启反复向利玛窦请教。二人切磋琢磨，翻译工作有条不紊地进行着，这部西方的数学宝典，将从他们手中踏上古老的东方土地。

冬去春来，在徐光启和利玛窦的通力合作下，仅仅半年时间，他们就已将《几何原本》的前六卷翻译完成。徐光启想要一鼓作气，将剩下的九卷一并翻译完。利玛窦却担心中国人能否接受他们翻译的内容，同时有可能还因为对后九卷更艰深的内容把握不足，想把前六卷先刻书出版，看看效果再做决定。徐光启接受了利玛窦的提议，他们为这门学科起了个中文名称——几何。1607 年 5 月，这部书的前六卷就以《几何原本》为名刻印出版。

然而就在此时，徐光启的父亲竟溘然辞世，这让徐光启陷入巨大的悲痛之中，后续的翻译工作不得不中断。根据中国传统制度，朝廷官员的父亲离世，需回乡

◆ 徐光启手书《刻几何原本序》

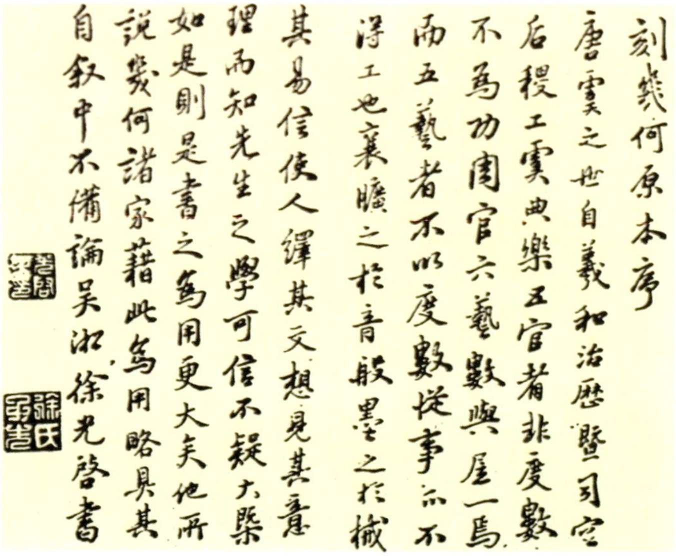
刻幾何原本序
唐虞之世自羲和治歷暨司空后稷工虞典樂五官者非度數不為功周官六藝數與居一焉而五藝者不以度數從事亦不得工也襄曠之於音般墨之於械其易信使人繹其文想見其意理而知先生之學可信不疑大槩如是則是書之為用更大矣他所說幾何諸家藉此為用略具其自叙中不備論吳淞徐光啓書

守孝三年。1607 年 8 月，在北京罕见的滂沱大雨中，徐光启与利玛窦依依惜别，返回故乡上海。

徐光启走后，李之藻又和利玛窦合作编译了《圜容较义》，这是一部讲解圆形面积与球形体积的数学著作。而在上海家中的徐光启也没有闲着，他将之前和利玛窦翻译的另一部关于西方测量学的书籍《测量法义》定稿，并将其中的内容和中国传统的测量学进行比较，写成《测量异同》。这时，他心里已逐渐形成了“会通中西”的构想。

徐光启也不忘自己长期关心的农业生产，守孝期间，他在徐家汇农庄中亲自试种各种作物，写了多篇农学论著，成为他日后编撰《农政全书》的基础。

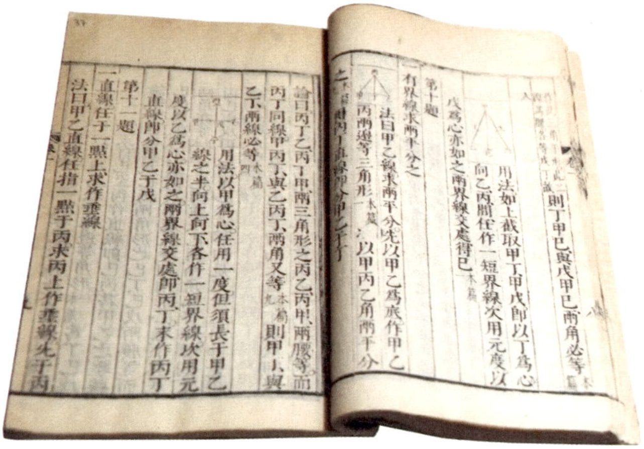

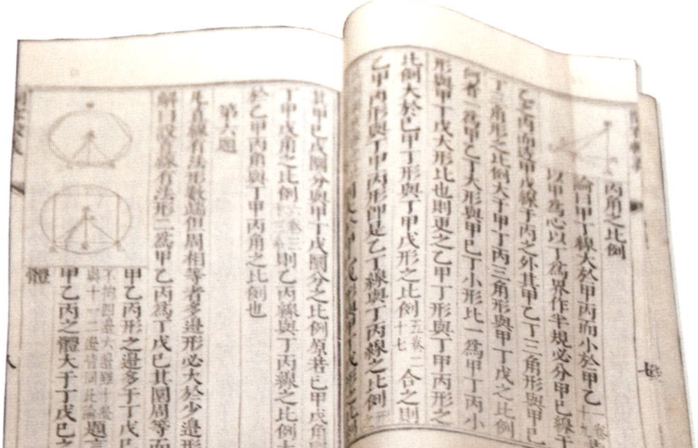

◆ 左上图：徐光启和利玛窦合作翻译的《几何原本》

左图：李之藻和利玛窦合作编译的《圜容较义》

2. “南京教案”产生了什么样的影响

1610 年 5 月，徐光启三年守孝期将满，却从北京传来利玛窦因积劳成疾而撒手人寰的消息（利玛窦去世后，其他传教士获万历皇帝批准，将他葬在了北京城西二里沟的一座寺庙）。徐光启始终将利玛窦视为自己在科学道路上的导师，此时突闻噩耗，哀痛不已。想到未完成的《几何原本》翻译，徐光启更是忧从中来。

同年 12 月，徐光启守孝期满回到翰林院工作。刚一到任，就迎来了传播西学的新契机。原来钦天监对这一年农历十一月初一发生的日食测报不准，礼部因此寻求精通历法的人才，与钦天监共同修订历法（明代官历《大统历》实际是元代郭守敬的《授时历》，到明末时已刊行 300 多年）。钦天监官员周子愚向礼部推荐了利玛窦的两位同事庞迪我和熊三拔（庞迪我，本名 Didao de Pantoja，耶稣会传教士，西班牙人。熊三拔，本名 Sabbathino de Ursis，耶稣会传教士，意大利人），因为他们带来了当时欧洲前沿的天文学知识，可以弥补中国传统历法的不足之处。

1612 年初，礼部指派翰林院推荐的徐光启、南京工部员外郎李之藻与传教士庞迪我、熊三拔等人共同翻译西洋历法。徐光启还向熊三拔请教西方水利工程学，两人合作翻译了《泰西水法》一书。李之藻则以此前跟利玛窦所学的西方笔算为基础，编译成《同文算指》，并在书中将西方笔算与中国传统算学做了比较。

至此，距离利玛窦进入中国内地开创传教事业已过去了 30 年，因为有徐光启、李之藻、杨廷筠等朝廷官员为之宣传，天主教在中国的影响力日益增长，可同时也埋下了祸根。1616 年 6 月，南京礼部侍郎沈㴶连上三道奏疏，称传教士蛊惑百姓，图谋不轨，请朝廷缉拿查办。7 月，徐光启上《辩学章疏》为天主教辩护。然而到 8 月，礼部还是放出了查办传教士的风声，南京的多名耶稣会士都遭到了逮捕，史称“南京教案”。

在此期间，徐光启、李之藻等人一方面继续为传教士辩护，另一方面尽力保护传教士和教友。1617 年初，万历皇帝下旨驱逐传教士，庞迪我、熊三拔都被赶到了澳门，先后离世。1618 年，沈潅因罪被革职，教案风波才日渐平息。

谁知不久后，从大明王朝边境的萨尔浒传来了震动京城的消息，明朝军队分四路征讨由努尔哈赤所建立的后金政权，却被后金军队各个击破，几乎全军覆没。明朝经此一败，丧失了在辽东战场上的主动权，边境形势骤然紧张起来。而在宫廷内部，随着万历皇帝的驾崩又发生了一连串的政治斗争，新即位的泰昌皇帝在位一个月就暴毙，最终由 15 岁的天启皇帝继承了皇位。

后金军队接连攻破沈阳和辽阳，明朝的边患压力与日俱增，徐光启、李之藻等人也非常忧心，商议向洋人购买西洋火炮以增强军备。然而以魏忠贤为首的阉党独霸朝政，排除异己，徐、李二人也在被排挤之列，徐光启辞官回乡，李之藻被外调至广东任职。随着朝廷中魏忠贤的势力越来越膨胀，对天主教态度较为亲和的内阁首辅叶向高被迫辞职，杨廷筠也辞去了顺天府丞的职务。

3. 中西交流怎样在明朝民间进一步展开

远离京城内上演的一幕幕权力游戏，耶稣会士继续推进着传教事业。1620 年前后，新一批耶稣会士金尼阁、邓玉函和汤若望（金尼阁，本名 Nicolas Trigault，耶稣会传教士，法国人。邓玉函，本名 Jean Terrenz，耶稣会传教士，瑞士人。汤若望，本名 Johann Adam Schall von Bell，耶稣会传教士，1592 年出生于德国，精通天文历法，清顺治年间掌管钦天监）等人带着大量的西方书籍先后抵达澳门。这些书籍中除了宗教神学典籍外，还有相当多的科学著作，内容涵盖了天文、地理、数学和物理

◆ 汤若望曾是罗马学院最优秀的毕业生，也是顺治、康熙两位皇帝的帝师

学等。邓玉函还是意大利猞猁之眼国家科学院的院士，和当时著名的科学家伽利略既是同事，也是好友。

远离朝政的徐光启、李之藻等人趁此机会与传教士合作，翻译西方科学典籍，促进中西交流。

1627 年，王徵（1571—1644，1622 年进士及第，与徐光启并称“南徐北王”）任扬州推官，他对各种机械工程技术十分热衷，便向传教士邓玉函请教西方的机械工程学。两人合作翻译完成了中国第一部系统介绍西方力学和工程学的著作——《远西奇器图说》。除此之外，王徵还和金尼阁一起编著了《西儒耳目资》一书，提出用西方注音符号标注汉语语音的方法，堪称汉语拼音的雏形。

天启皇帝在位七年而驾崩，魏忠贤失去了最大的依靠。1628 年，崇祯皇帝即位后，迅速剷除了魏忠贤的势力，被魏忠贤打压的一批官员也逐渐被重新起用。徐光启官复礼部右侍郎，回到北京任职，这为正式开启十多年前提出的历法改革提供了契机。

4.《崇祯历书》经历了哪些波折

1629 年五月初一日食，徐光启用自己掌握的西方天文学知识预先推算出全食带通过海南琼州，北京能看到食分较少的日偏食。徐光启称用西洋历法推算的结果比官方《大统历》和《回回（回民的旧称）历法》都要精确。崇祯皇帝严厉责备了钦天监的官员，钦天监上奏称《大统历》已沿用 260 多年未有改动，不可能没有差错。以徐光启为代表的礼部便趁机请求改历，获得了崇祯皇帝的初步同意。

1629 年秋天，历局正式成立，68 岁的徐光启奉旨主持修历事务，在家乡丁忧守孝的李之藻被征召起用，传教士邓玉函和龙华民（本名 Nicolo

《浑天仪说》是由汤若望根据欧洲天文著作编撰的一本关于天文仪器的著作

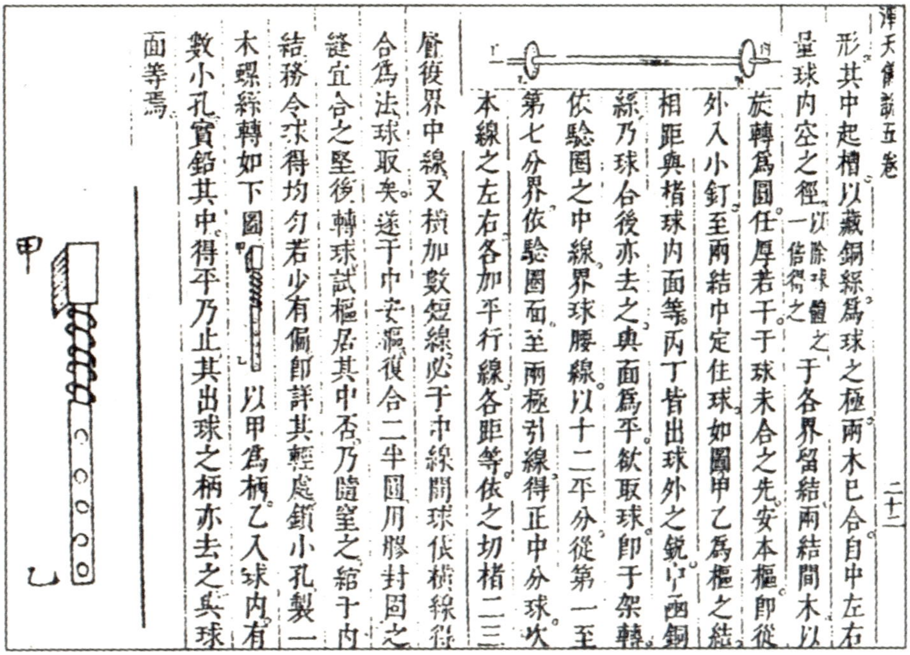
渾天儀説五卷 二十二
形其中起槽以藏銅絲爲球之極兩木已合自中左右
量球内空之徑以除球體之一倍得之于各界留結兩結間木以
旋轉爲圓任厚若干于球未合之先安本樞即從
外入小釘至兩結中定住球如圖甲乙爲樞之結
相距與楕球内面等丙丁皆出球外之鋭以函銅
絲乃球合後亦去之與面爲平欲取球即于架轉
依驗圈之中線界球腰線以十二平分從第一至
第七分界依驗圈面至兩極引線得正中分球以
本線之左右各加平行線各距等依之切楕二三
層後界中線又横加數短線必于中線關球依横線從
合爲法球取矣遂于中安滬復合二半圓用膠封固之
縫宜合之堅後轉球試樞居其中否乃隨望之縮于内
結務令求得均匀若少有偏即詳其輕處鑽小孔製一
木螺絲轉如下圖 以甲爲柄乙入球内有
數小孔實鉛其中得平乃止其出球之柄亦去之與球
面等焉

Longobardi，耶稣会传教士，意大利人）也参与进来，协助徐光启翻译历法。十多年前的改历提议终于步入了正轨。

第二年，徐光启升任礼部尚书，但邓玉函和李之藻相继离世，给历法翻译的推进工作造成了损失。徐光启悲痛之余，推荐传教士汤若望和罗雅各（本名 Giacomo Rho，耶稣会传教士，意大利人，精通数学、天文、历法）顶替邓玉函继续参与改历。

另一方面，大明王朝的边境形势日趋严峻，曾经取得宁远大捷、用西洋火炮击败努尔哈赤的大将袁崇焕，遭到崇祯皇帝猜忌被处死。1631 年末，山东登莱参将孔有德发动叛乱，史称“吴桥兵变”。

叛军攻至登州时，向登莱巡抚孙元化（1581—1632，曾师从徐光启学习数学和火器）诈降，孙元化不知是计，被叛军攻陷了登州城，自己和担任监军的王徵都不幸被俘。兵变消息传到朝中，大多数大臣认为是孙元化谋反。徐光启作为孙元化的恩师、王徵的教友，深知他们为人正义，绝不会行此大逆，表示愿以全家性命为他们担保。

半年后，官军收复了登州城，解救出孙元化和王徵，朝廷认为两人虽未参与谋反，但难逃失职重罪。尽管徐光启竭力为二人辩护，但孙元化仍被处死，王徵则被流放戍边。除了得意门生的惨死之外，更让徐光启痛心的是，随着叛将孔有德投降后金，叛军带走了不少西洋火炮和匠人，从此明朝对后金在军备上的优势也不复存在。

接踵而来的打击让年迈多病的徐光启难堪重负，他知道自己时日无多，恐怕难以见到历法改革的完成，于是一方面尽力推进西洋历法的翻译，另一方面向崇祯皇帝推荐同为教友的山东参政李天经（1579—1659，精习天文历法）为自己的接班人。

1633 年 11 月 8 日，徐光启在北京去世，享年 72 岁。徐光启除了在数学、天文、历法等方面做出了突出的贡献，他还钻研农学水利和火器军事，他编著的《农政全书》就是一部指导农业生产的重要著作。徐光启谥号文定，后人尊称徐文定公。他的墓位于现今上海徐家汇光启公园内，公园旁有一条“文定路”，也是为了纪念他。这位在中国积极介绍西方科学技术的先行者，这位心系天下黎民百姓的科学家，把他的毕生精力都献给了国家。

徐光启于明崇祯六年（1633年）在北京去世，次年归葬原籍

徐光启去世后，历法的翻译工作由李天经、汤若望继续推进。到1634年初，他们终于完成了137卷西洋历法的编译，其中介绍了托勒密、哥白尼、第谷和开普勒等西方天文学家的理论，并采用第谷的“半地心半日心”体系作为核心。这部历法呈献给崇祯皇帝后，被赐名为《崇祯历书》，是

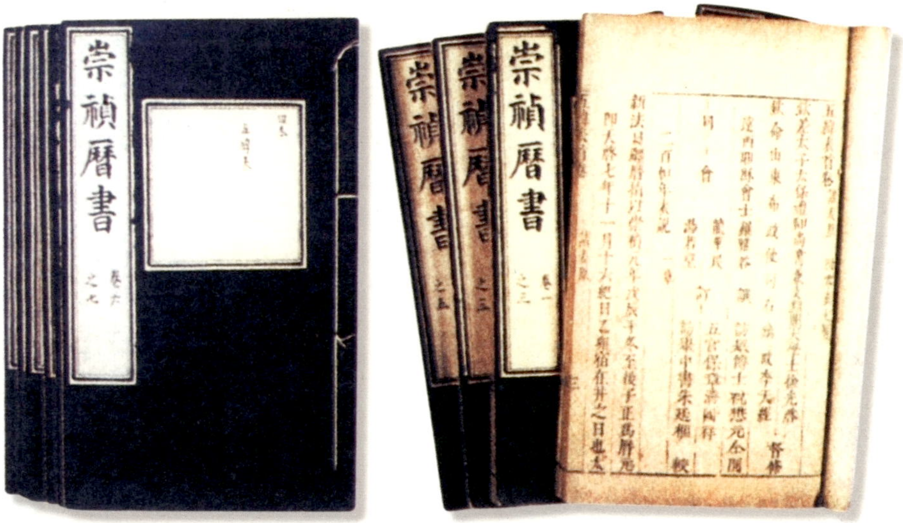

◆《崇祯历书》主编是徐光启，徐光启死后由李天经主持

中国第一部以西方天文学为理论基础的历法。

《崇祯历书》虽已完成，并且几次历法校验证实比传统历法更为合时，却还是遭到来自保守派官员和历法家的诸多反对，迟迟没有投入使用。直到 1638 年，崇祯皇帝下诏，《崇祯历书》才勉强取得一个被参用的地位。

虽然受到保守派的打压，但每逢日食、月食这类检验历法的时机，《崇祯历书》总能显示出自己更高的精确性，这使得崇祯皇帝也逐渐认可西洋历法更为先进。1643 年 8 月，崇祯皇帝终于下定决心施行西洋历法，但还没等到付诸实施，李自成领导的农民起义军便攻破北京城，终结了大明王朝的统治。

第三节

清朝初期坐失科技复兴良机

1. 西方科技为什么在清朝初期传播受阻

1644 年，李自成领导的农民起义军占领北京城后不久，从后金政权发展起来的清王朝在吴三桂的帮助下攻入山海关内，很快便打败了李自成、张献忠等起义军，夺取了统治权。

按照中国的政治传统，王朝更替必修新历，曾在崇祯时期参与历法改革的传教士汤若望（*汤若望在朝中不仅主持天文事务，甚至也参与政治决策。顺治皇帝考虑储君问题时，汤若望便曾力主玄烨为人选*）看准了这个时机，向大清王朝力陈《大统历》的粗疏和陈旧，并进献崇祯皇帝没来得及实施的西洋历法。清摄政王多尔衮接受了汤若望的奏请，决定采用西洋历法推算历书，并定名为《时宪历》，从此《时宪历》成为清朝历法的根

◆ 汤若望被任命为钦天监监正，这是顺治三年（1646 年）他奏报天象之事的揭帖

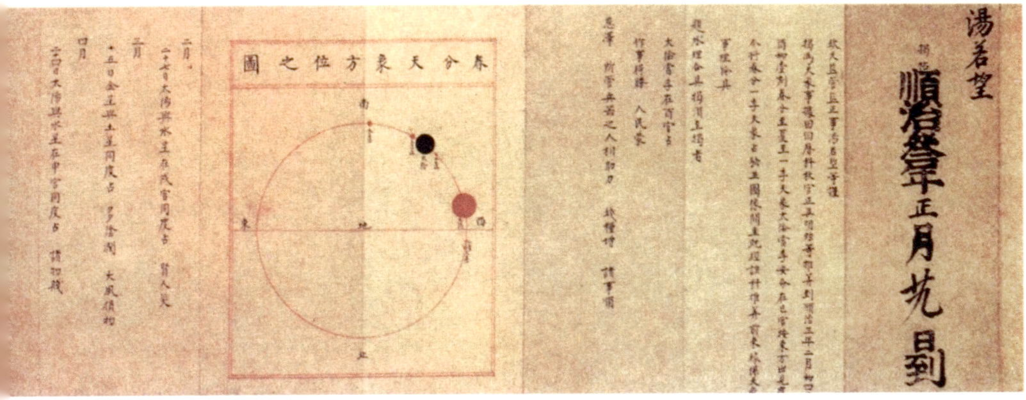

本。随后汤若望奉命掌管钦天监，成为中国历史上第一个担任国家天文机构最高负责人的欧洲人。

清朝统治者对于西洋历法能够迅速接受，一方面是出于它更高的精确性，另一方面是出于政治和文化的考虑。满族皇室以武力征服明朝后，他们面对的是文化水平更高的统治对象，所以他们在心理上对更先进的西洋历法体系有所依赖。历法在中国古代有很高的政治意义，清王朝想要彻底终结明朝法统，废除《大统历》而改用西洋新历是最理想的选择。

但在久居中原的汉族人看来，两种外来文化的结合，现在却要成为中国的正统，这在文化上是难以认同的：一方面汉族人对清朝政权的统治始终有所抵触；另一方面大多汉族士人对传教士较为警惕，万历年间爆发的“南京教案”就是实例，而民间和官方对天主教的批驳更是层出不穷。因此，清朝建立之初，西洋历法虽然得到了皇室的大力支持，但它面对的阻力并不比明朝崇祯时期弱。

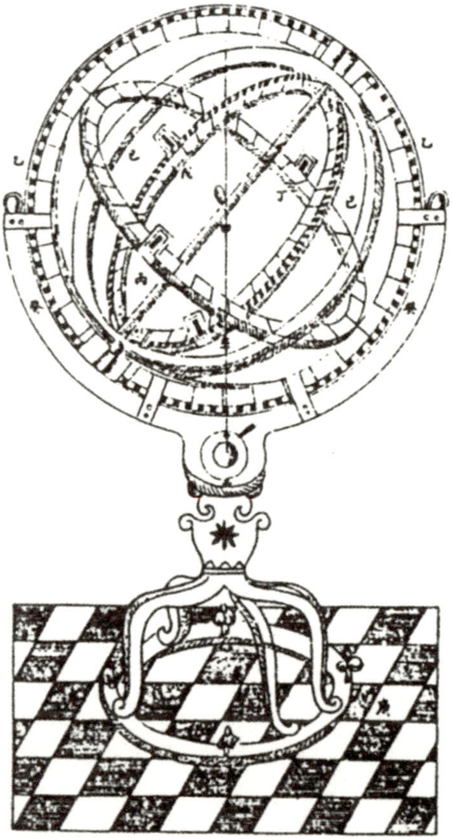

《新法算书·恒星历指》中的赤道经纬仪。《新法算书》原名《西洋新法历书》，是由汤若望在《崇祯历书》的基础上改编而成的一部全面介绍西方天文学知识的大型丛书

延伸阅读

"康熙历狱"案：一出惊心动魄的历法废立宫廷剧

1661 年顺治皇帝驾崩，年仅八岁的康熙皇帝即位，四位辅政大臣中最有权势的鳌拜与汤若望不和。1664 年，杨光先趁机又向礼部上《请诛邪教状》，指控汤若望等传教士"为职官谋叛本国，造传妖书惑众"，称传教士内勾外联，图谋不轨。

由于鳌拜主政，礼部立即会审了汤若望和新近来华从事天文历法工作的南怀仁（**本名 Ferdinand Verbiest，1623 年生于比利时，耶稣会传教士，1658 年来到中国，在康熙朝执掌钦天监治理历法**）等在京传教士。次年，汤若望被判凌迟，钦天监中与传教士交往密切的七名官员被判凌迟、五人被判斩首，史称"康熙历狱"。清廷于是下令禁止传播天主教，并驱逐各地的传教士。

这时候，顺治皇帝的母亲孝庄太皇太后出面，以顺治皇帝对汤若望十分尊崇为由，挽救了汤若望的性命，但李祖白等五位钦天监中信仰天主教的官员仍然被斩首。汤若望虽然逃过一劫，但本身年事已高，经过这次磨难，很快就离开了人世。

南怀仁像

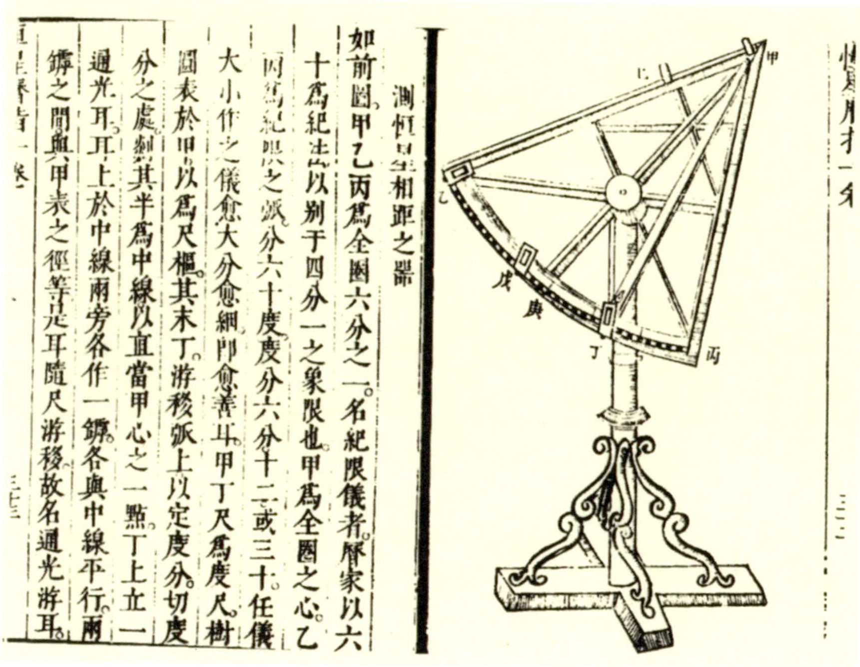

測恒星相距之器

如前圖甲乙丙爲全圜六分之一。名紀限儀者。曆家以六十爲紀法以別于四分一之象限也。甲爲全圜之心。乙丙爲紀限之弧。分六十度。度分六分十二或三十。任儀大小作之。儀愈大分愈細。即愈善耳。甲丁尺爲度尺。樹圜表於甲。以爲尺樞。其末丁。游移弧上以定度分。切度分之處。刻其半爲中線。以直當甲心之一點。丁上立一通光耳。耳上於中線兩旁各作一罅。各與中線平行。兩罅之間與甲表之徑等。是耳隨尺游移。故名通光游耳。

◆ 汤若望《恒星历指》中的纪限仪图

“康熙历狱”爆发后，杨光先被任命为新的钦天监监正，但他其实并不懂天文历法，他废除《时宪历》，恢复《大统历》和《回回历法》，结果在日食、月食预报中接连出错。康熙皇帝亲政后，南怀仁上疏控诉杨光先所颁历书不合天象，康熙皇帝便传旨令杨光先、南怀仁和各位大臣通过日影观测检验历法，结果西洋历法获胜。杨光先因此被革职，南怀仁受命执掌钦天监的历法事务，重新启用《时宪历》。等康熙皇帝除去了鳌拜，南怀仁又控告杨光先“依附鳌拜，捏词毁人”，成功为汤若望平反，使“历狱”的形势彻底扭转。杨光先本来要被杀头的，但康熙皇帝考虑到他年事已高，将他遣送回乡。在返乡途中，杨光先病死。

经过“康熙历狱”一案，康熙皇帝认识到了西洋历法的优越性，使得西方天文学在清朝历法中的正统地位愈加稳固。康熙皇帝继续重用南怀仁，让他执掌钦天监。从 1669 年开始，南怀仁开始为朝廷设计制造新的天文观测仪器，到 1673 年，完成了六件大型天文仪器。这六件仪器分别是黄道经纬仪、赤道经纬仪、地平经仪、象限仪（地平纬仪）、纪限仪（距度仪）和天体仪，其中的象限仪和纪限仪是以第谷的设计为原型而制造的。朝廷将六件仪器的设计和使用原理编成《新制灵台仪象图》，作为指导钦天监使用这些仪器的说明书。

康熙皇帝本人也对西方的数学和天文学产生了浓厚的兴趣，不但亲自师从南怀仁进行系统研习，还命令国子监中的满族子弟向其他的传教士学习。1688 年南怀仁去世，同年以洪若翰、白晋和张诚（洪若翰，本名 Jean de Fontaney；白晋，本名 Joachim Bouvet；张诚，本名 J.F.Gerbillon）等人为代表的法国耶稣会士，带着国王路易十四赠送的天文观测仪器来到北京。他们被称作"国王数学家"，和法兰西科学院保持着密切的往来。"国王数学家"接替南怀仁继续教授康熙皇帝数学、天文乃至音乐、解剖学等，康熙皇帝的勤奋好学给"国王数学家"留下了深刻的印象。

明清之际的西学东渐是文艺复兴之后西方科学技术第一次大规模地传入中国，东西方两大文明的接触，不可避免地会碰撞出火花：一方面，西方科学尤其是天文学和数学的优越性带给中国人以极大的震撼；另一方面，

◆ 康熙皇帝算学桌。康熙皇帝为掌握实用科学技术，命传教士南怀仁等人定期进讲，这是造办处为康熙皇帝制造的御用学习桌

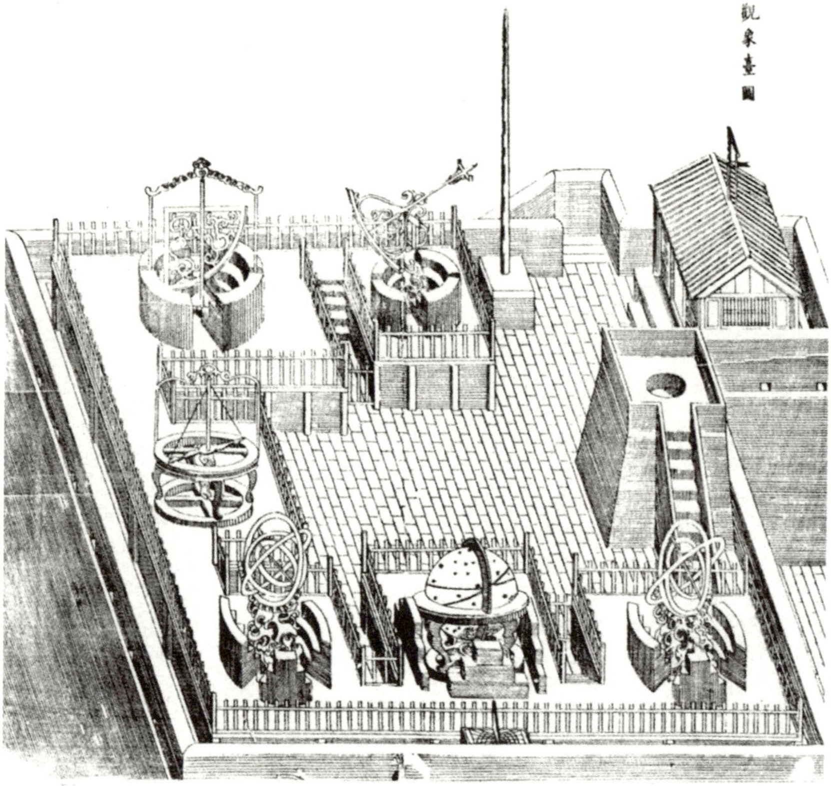

◆ 上图：1669 年起，南怀仁先后制造完成了黄道经纬仪、赤道经纬仪、地平经仪、象限仪、纪限仪和天体仪共六件天文仪器，于 1673 年在北京古观象台上安装使用。这是当时的安装设计图

左图：南怀仁制作的浑天仪

◆ 图上部从左至右为利玛窦、汤若望、南怀仁，图下部左为徐光启，右为徐光启的孙女许徐甘第大

具有悠久历史传统的中国文化也不甘示弱，力图与西方科学相抗衡。因此，虽然前有徐光启、李之藻等朝臣鼎力推荐，后有顺治皇帝、康熙皇帝等皇室青睐有加，但传教士带来的西方科学技术在中国始终受到传统文化势力的排挤。正是在这种文化张力的背景下，“西学中源”说诞生了。

2. 为什么“天朝大国”缺乏近代科学萌芽的土壤

面对强势的西方科学技术，明末清初时，黄宗羲（1610—1695，明末清初学者、思想家，也钻研中西历法）、方以智（1611—1671，明末清初学者，受西学影响，对自然科学很有研究）、王锡阐（1628—1682，清天文学家，精通中西天文历法）等学贯中西的学者构建了“西学中源”的观点。

他们认为西方所谓先进的科学知识最早是由中国人的祖先所掌握的，后来因为战乱，部分中国古人远避他乡，去往西方，使这些知识在西方流传下来，现在又被带回了中国。

无独有偶，跟随传教士们深入学习了西方数学和天文学的康熙皇帝，也推出了“西学中源”说。他在《三角形推算法论》中就明确指出:“历原

◆ 与全祖望“中学西窃”的激进看法不同，黄宗羲认为是“中失西得”

出自中国，传及于极西，西人守之不失……非有他术也。”意思是历法原本出自中国，后来传到了西方，西方人将它保留下来，使其没有失传……并不是他们有别的学问。康熙皇帝的表态使“西学中源”说具有了官方性质，有清朝第一历算学家之称的梅文鼎（1633—1721，清朝天文学家、历算学家）随之积极响应，从多个方面更加详细“论证”了“西学中源”说，使这一观点更具系统性和影响力。甚至为了更好地在中国推进传教工作，

◆ 康熙皇帝像。康熙皇帝也曾提倡“西学中源”说，而且起了很大作用

连传教士们也顺水推舟，认可了“西学中源”说。

到了乾嘉时期，“西学中源”更是得到了乾嘉学派的大力宣扬，如阮元（1764—1849，乾嘉时期学者，乾嘉学派的代表人物之一）甚至牵强附会地将张衡的地动仪与哥白尼的日心说联系起来，又说西洋的自鸣钟出自中国传统的漏刻。其他学者甚至将“西学中源”从天文历法扩展到各个学科，为西方先进的科学技术从中国古代文化中一一寻找来源成为当时的时尚，这种情形一直持续到清朝末年，伴随帝国主义坚船利炮而来的第二次西学东渐。

“西学中源”说在明末清初的历史环境下，确实起到了弥合中西文化隔阂的作用，缓和了中国传统与西方科学的对抗关系，对当时的中国人更顺利地接受西方科学技术起到了一些积极作用。但从更根本的视角上看，它是一种被建构出来的错误史观，在满足中国传统文化自尊心的同时，也蒙蔽了中国人的视野。明末清初传入中国的西方科学不可谓不先进，但当时的有识之士并没有把握住这次宝贵的机遇，大多数知识分子只醉心于对“西学中源”的种种考证，既没能领会西学真正的优秀之处，也没有认识到西方科学还在日新月异。直到西方列强凭借以工业革命为基础的强大实力打破“天朝大国”的迷梦，中国人才幡然醒悟。

另外还有一件值得一提的事情，自从1620年金尼阁从欧洲带来一大批西方书籍后的200年间，传教士们还分几批带来了更多的书籍，其中有不少是当时欧洲一流的科学著作，作者包括了哥白尼、第谷、开普勒、伽利略、牛顿、欧拉等耳熟能详的大科学家。可惜这些西方科学经典全都被放在教堂里高高的架子上，落满尘灰而无人问津。19世纪末，中国教会将这些书籍统一安置于北京西什库天主堂，这些书籍也因此被称为“北堂藏书”（根据19世纪60年代教会对“北堂藏书”的统计，这批藏书共5930册，其中有关科学的书籍1677册，超过总数的四分之一。中华人民共和国成立后，“北堂藏书”交由中国国家图书馆保存）。从处理

天文学家与天文仪器图，《中国帝王史》法文版插图

“北堂藏书”的过程中也可以看到，在步入近代社会以前，西方科学文明的种子就已经来到了东方的土地，遗憾的是，它们并没有在这里找到适合发芽生长的土壤。

（本章执笔：潘钺博士）

中外科学技术对照大事年表

（1912 年到 2000 年）

数 学

中　　外

1912 年　希尔伯特《线性积分方程一般理论原理》出版，奠定了泛函分析的基础

1918 年　外尔尝试建立统一场论，对以后发展起来的各种场论和广义微分几何学产生了深远影响

1920 年　嘉当发表论文《论曲面的射影形变》，其创立的一般联络理论对现代微分几何学产生了极深刻的影响

1944 年　伊藤清连续发表 6 篇有关随机过程研究的论文，创立随机分析这一新的数学分支

1948 年　香农发表 244 页长篇论著《通信的数学理论》，创立信息论

1950 年　纳什在博士论文《非合作博弈》中提出非合作博弈理论，奠定了博弈论的数学基础

20 世纪 50 年代　豪普特曼和卡尔勒建立将衍射图像通过数学变换直接测定晶体三维结构的直接法

1956 年　米尔诺在七维球面（后称为米尔诺怪球）上做出几个微分结构，证明它们互不微分同胚，引起微分拓扑学研究的高潮

1956—1965 年　特纳等人发展有限元方

1975 年　曼德尔布洛特出版《分形：形、机遇和维数》，创立分形几何

1977 年　吴文俊及其学生实现平面几何定理的机器化证明

1978 年　第一届沃尔夫数学奖颁发，评奖标准是终身贡献

里维斯特等人提出第一个能同时用于加密和数字签名的算法——RSA 公钥密码算法

1980 年　数学史上最庞大的定理证明“有限单群分类定理”的证明最终完成

1921年

被誉为“抽象代数之母”的女数学家诺特发表论文《环中的理想论》，被视为现代抽象代数学的开端

1926年

玻恩提出波函数的统计解释

1927年

希尔伯特、冯·诺依曼等人合作发表论文《论量子力学基础》，开始用积分方程等数学分析工具使量子力学统一化

1931年

哥德尔发表《论〈数学原理〉及有关系统中的形式不可判定命题》提出哥德尔不完备性第一定理，同年推论得出第二定理

1933年

科尔莫戈罗夫《概率论基础》出版，建立概率论的公理化体系，克服了贝特朗悖论暴露的几何概率逻辑基础不严密问题

1958年

华罗庚《多复变数函数论中的典型域的调和分析》出版

1960年

亚伯拉罕·鲁滨逊创立非标准分析，用数理逻辑严谨论证无穷小的存在性

1963年

阿蒂亚和辛格证明指标定理，揭示了分析学、拓扑学、代数学之间的深刻联系

1965年

扎德发表《模糊集合、语言变量及模糊逻辑》，创立模糊数学

1966年

陈景润发表论文《表达偶数为一个素数及一个不超过两个素数的乘积之和》，是哥德巴赫猜想研究中的里程碑

图灵奖设立

1973年

《期权定价与公司债务》发表，给出布莱克－斯科尔斯公式

1982年

弗里德曼发表《四维流形的拓扑》，宣告证明了四维庞加莱猜想

1995年

怀尔斯证明费马大定理

譯學
大學堂

第二章

晚清至今 扎根中国的西学

明末欧洲天主教传教士来华，带来了与中国传统文化全然不同的一套知识体系，揭开了中国科学技术历史的新篇章。从此，中国科学逐步融入世界科学发展的潮流之中。从明末至清代，正当耶稣会士把受到中国皇帝重视的西方天文学、数学和地理学等知识传入中国的时候，西方科学正在经历革命性的发展。然而，当时的中国人几乎对同时代西方发生的科学革命毫无感知。到清代中叶，以传教士为中介的交流渠道也几乎中断了，直到鸦片战争前后，近代的科学技术才逐步输入中国。晚清洋务派开展洋务运动，引进西方军事装备、机器和科学技术，以挽救清朝统治，由此开始了中国各学科的近代化转型。

第一节

中国各学科的近代化转型

1. 中国科学教育是怎样缩短与西方的差距的

“科学”一词来源于西方。少数人最早从传教士翻译的书籍和教会学校中接触科学，教会学校成为中国最早实施科学教育的机构。

◆ 右图：译学馆前身是并入京师大学堂的同文馆

下图：江南机器制造总局翻译处。翻译处主要译述西方自然科学和工程技术书籍，图中三人自右至左为徐寿、华蘅芳和徐建寅（徐寿的儿子）

鸦片战争后，在“师夷长技以自强”的思想指导下，洋务派开始在中国举办洋务教育，兴办新式学堂，引进西方近代科学技术知识，不再以儒学为中心，集中培养出一批在军事、造船、矿山等领域的实用性人才。这一时期，教会学校慢慢发展起来，但整个国家还没有实施严格意义上的科学教育。

20 世纪初，清政府颁布了中国近代教育史上第一个科学教育学制，随后学制几经更迭，废除了科举制度和读经科、尊孔子的传统，建立了从小学、中学到大学的科学教育制度，中国传统经学教育终于让位于现代科学教育，中国科学教育开始起步。但在 20 世纪 20 年代以前，教会学校仍然是中国科学教育的主要力量，在中国科学教育发展史上做出了重要贡献，一些教会学校后来发展成为中国著名的大学。

◆ 上图：曾国藩陪子女看地球仪

下图：明代仇英的《观榜图》（局部）。光绪三十年（1904 年），光绪帝颁下谕旨，第二年起停止科举考试，“金榜题名”成为历史

◆ 上图：晚清留美幼童。中国最早的留学生，归国后命运各异

左图：同文馆。中国最早的外国语学院

中华民国成立后，科学教育体制日益成熟，学校教育迅速发展，中小学和大学都得以发展，培养了近代中国早期的科学学科带头人，并资助留学海外的学生。留学教育对中国早期的科学教育贡献也十分突出，20 世纪 20—30 年代，中国重点大学的自然科学科系几乎都是归国留学生创建的，留学生们奠定了当时高校数学、物理、化学等学科的基础，缩

短了中西方的差距，极大地促进了中国科学教育的发展。

毕业于美国大学的第一个中国留学生容闳

中华人民共和国成立以后，政府开始逐渐收回教育权，颁布新学制。在基础教育方面，普及基础科学教育，出版统一的中小学教材，并建立中国特色的师范教育体系；在大学教育方面，进行院系调整，均衡教育资源。这个时期采取的许多举措一直影响到今天。

1952 年，教育部按照苏联工学院的模式进行大规模的院系调整，加强了理工科，高校的类型结构趋于合理，高校地区布局也渐趋均衡，极大地促进了科学教育的发展。但这次调整也有一些不合理的地方，在一定程度上限制了高素质人才的培养。

20 世纪 80 年代后，这些状况得到纠正，学校科学教育迅速发展，普及了九年制义务教育，高校招生规模扩大，研究生教育也逐步增强。时至今日，我们已经开始思考科学课程的教学方法，科学课程的真正价值，认识到科学的人文意义，从盲目崇拜科学到反思科学。

中国现代科学教育的形成与确立过程，也是科学教育的目的从救亡图存转到探索求知的过程。

◆ 北京大学西校门

2. 中国现代工程教育发展过程中克服了哪些困难

现代工程教育是人类社会由农业文明进入工业文明时出现的一种专门教育，它来源于工匠传统与学者传统的融合，是适应机器大工业生产的需要而形成的。工程领域的科学知识与实践经验相结合，逐渐发展成为相对独立的学科——工程学。土木工程学、机械工程学、矿冶工程学、电机工程学、化学工程学等学科于 19 世纪相继在英、法、德、美等国家产生。

世界工程教育的历史表明，工业化是工程教育产生和发展的最主要的动力因素。作为一个工业化后发外源型国家，中国的工业化之路经历了艰难而曲折的探索。而中国现代工程教育就是伴随着这种探索而萌发，并在这种探索的推动和制约下发展起来的。

中国现代工程教育几乎是与中国的工业化同时起步的，这在很大程度上得益于讲求“经世致用”的实学教育思想的复兴。工程教育这一新型教育具有不可替代的实用价值，与中国实学教育思想追求实用、实效的知识价值观相吻合。这样，中国现代工程教育就在19世纪下半叶应运而生了。

中国工程教育的萌芽来自洋务派兴办的工程技术学堂，这些学堂都不同程度地具有军工技术教育的特性。但1894年的中日甲午战争给中国朝野上下以空前的震动，他们认识到，以军事工业为中心的工业化在当时的中国是行不通的，这种认识促使了民族工业的初步发展；与此同时，维新派开始推动各地大力兴办各种专门的实业学堂。这些因素的共同作用使得中国工程教育开始为经济建设的各个领域培养工程技术人才。

与此前相比，中日甲午战争后新建的工程教育机构有几个特点：其一，学校成为相对独立的办学实体；其二，学科和专业设置扩展到工、矿、交通等各行业的诸多工程领域；

◆ 詹天佑有“中国近代工程之父”之称，他的成功也推动了现代工程教育的发展

其三，办学过程中的短期性行为和应急性举措明显减少；其四，开始了多级设学的近代学制探索。

现代工程教育属于高等教育范畴，一般可划分为专科、本科、研究生教育三个层次。但前述萌芽期的中国工程教育机构大多属于培训技术工人或初级技术人员的中等专业学校，少数学校以传授中等程度的课程为主，兼部分高等专科课程，只有福建船政学堂和天津中西学堂具有较完整的高等教育特征。福建船政学堂还不完全具备现代工程专科教育的主要条件，只能说是工程专科学校的雏形。天津中西学堂的头等学堂则在制度框架上具备了本科工程教育的基本特征，可视为中国工程本科院校的雏形。

◆ 左上图：西式课堂与传统辫子

左图：辫子在课堂上的“妙用”

福建福州沈葆桢故居。沈葆桢主持设立了船政学堂，为国家造就了大批的科技人才

这一时期的工程教育学校多由政府要员发起创办，大多附属或服务于军工或其他企业，缺乏总体规划，入学条件、课程教材、修业年限等都因校而异。这些既是萌芽期的中国工程教育的显著特点，也是这一时期的工程教育发展过程中亟待解决的问题。而这些问题需要通过建立通行全国的完整系统的学校教育制度来解决。

19 世纪下半叶，经过一批先进知识分子和开明官僚在的艰难探索与不懈奋争，中国的新教育制度“癸卯学制”终于在 20 世纪初以清政府推行“新政”为契机正式出台，中国由此开始了新教育制度的全面建设。

癸卯学制针对工科大学与高等工业学堂的各项规定，为中国现代工程

◆ 上图：四川高等学堂自习的学生。四川高等学堂起始于四川中西学堂，清政府发布了壬寅学制和癸卯学制后改名为“四川省城高等学堂”，即四川高等学堂

下图：太原山西大学堂旧址。此处原为明清时的贡院，后为山西大学堂、晋阳中学堂、省立第一中学校等

教育机构的人才培养建立了全国性的标准和规范，宣告了中国工程教育开始进入一个新的历史发展阶段。

癸卯学制颁布前后，天津中西学堂和京师大学堂先后复校，山西大学堂也开始筹建，清末官办大学仅此三所。虽都开办了工程教育课程，并按癸卯学制的规定对课程设置和教学计划进行了整改，但学科单一，规模狭小，由此可知中国大学工程教育在此时尚属起步阶段。但在癸卯学制颁布后的数年内，工程类教育机构逐渐兴起，各地陆续创设或改建了多所工程专科学校以及多科性高等工业学校。中国现代工程教育的规模有所扩大，质量有所提高，特别是在制度化、规范化建设方面有显著进步。所有这些都标志着中国现代工程教育的确立。

◆ 左图：1902 年颁布的《钦定大学堂章程》，共八章八十四节
右图：清代光绪皇帝为京师大学堂题写的匾额

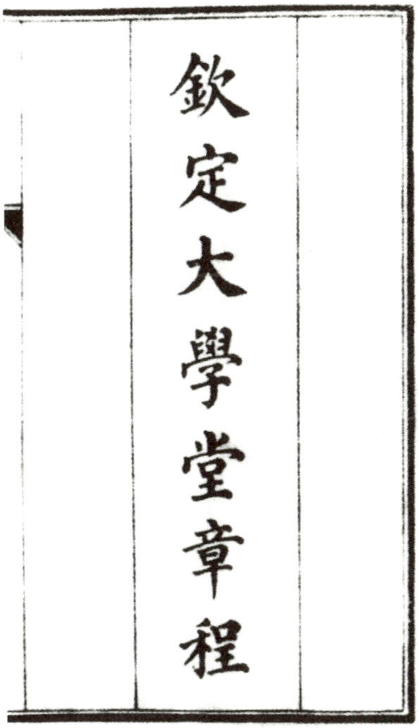

此外，这一时期所积聚的教育资源，包括教职工队伍、图书资料、实验实习设施，以及办学实践所积累的正反两方面的历史经验，为民国时期到中华人民共和国成立后的中国工程教育事业的发展都奠定了多方面的基础。

3. 什么事件促进了中国医学近代化转型

首先把与中国传统完全不同的西方医学知识系统地在中国讲授的是教会大学。教会大学培养了中国近代史上第一批西医医生和专家，为西方医学在中国早期的系统传播做出了贡献。

20 世纪初，奉伦敦传道会之命来华主持恢复因义和团运动遭到破坏的医院的医学传教士科克仁（1866—1953），通过良好的诊疗技术和出色的交

◆ 1881 年李鸿章创办北洋施药局，后改称北洋医学馆

◆ 同仁医院始建于1886年，由美国美以美会创办。图为1946年该院大门

际能力，得以建立第一所获得中国政府承认的教会医学院——协和医学堂，它的开办标志着教会医学教育在中国达到了一个较高的水平。同一时期，美国还有三所大学在中国开办了医学教育机构：宾夕法尼亚大学在广东广州和上海，哈佛大学在上海，耶鲁大学在湖南长沙。其中很有成效的是耶鲁大学在长沙开办的医学教育机构。1912年，协和医学堂改称协和医学校，次年颁布了新的医学校章程。

美国的洛克菲勒基金会在三次组团来华考察后，确定了在中国建立现代医学体制的计划，按计划实施的项目主要包括：在中国设立或资助医学预科学校、护士学校；资助中国多个地区的教会医院购买医疗设备与手术设备；设立奖学金和研究金，资助中国医生与护士去美国进行专门研究和培训；支持中国的医学学术活动。这份计划总体上的布局与重点支持，影响了中国现代医学的走向。

中国医学的近代化转型过程有着与科学教育、工程教育相似的从西方学习与移植的路径。同时，一起公共卫生事件成为推动中国早期现代化医学发展的契机，促进了这一转型的进程，使得许多原本不了解、不认可西医的中国人开始主动接受并认可西医。

这一事件就是 1910 年爆发的满洲里鼠疫。时任天津陆军军医学堂帮办（相当于副校长）的伍连德（字星联，1879—1960，中国公共卫生学家、医史学家，1903 年获剑桥大学医学博士学位，后回马来西亚开设私人诊所，1907 年受袁世凯邀聘出任天津陆军军医学堂帮办）奉清朝外务部施肇基（字植之，1877—1958，江苏苏州吴江人，民国时期外交官）之命前往哈尔滨控制鼠疫。

鼠疫是一种以老鼠和跳蚤为传播媒介、传播速度极快的传染病，历史上也称“黑死病”。伍连德抵达哈尔滨时，疫情已经十分严重，而当地官员却自夸很懂医术，不相信细菌传染等西医理论，因此没有采取任何隔离、消毒的防疫措施。但伍连德却在对一例死亡病人的解剖时发现了鼠疫杆菌，他立即电告北京外务部，并提出了相应的防疫计划。

◆ 协和医学堂的外籍教授

1911 年初，来自北京协和医学堂和天津陆军军医学堂的医

◆ 1911 年前后，东三省发生鼠疫，晚清政府于该年 4 月 3 日在奉天省城（今辽宁沈阳）召开万国鼠疫研究会。图为与会代表合影

生及高年级医学生加入了防疫队伍，在伍连德的领导下，防疫队伍采取了分区控制疫情、治疗病人、处置死者等一系列措施，并提出以戴口罩的方式隔离飞沫传染。经过 30 多天不懈的努力，鼠疫疫情终于得到了有效的控制。

在鼠疫防治过程中，中国政府方面准予对染疫死者集体火化和为探明病因进行尸体解剖，是中国近代医学史上的两个标志性事件，同时也证明了科学能够拯救生命、解除民族灾难的事实。

总而言之，无论是西来的传教士和基金会，还是华侨和中国各界有志之士，都对中国现代医学教育与医疗卫生事业做出了积极的贡献，现代医学也因此得以在中国得到确立与发展。

4. 中国现代著名的天文机构有哪些

上海徐家汇观象台是中国境内第一家近代科学研究机构，它由清末来华耶稣会士于 1872 年创建并主持运作，且逐渐发展出了气象服务、授时服务和地磁观测。可以说，徐家汇观象台是考察中国近代移植西学历程的一个非常具有代表性的载体。作为徐家汇观象台在天文事业方面的开拓部门，佘山天文台于 1900 年建成并投入观测使用，从而成为中国近代天文事业的开端。

在佘山天文台建立之前，天文学界在研究方法与观测组织方面都发生了一场革命性的变迁。从研究方法上来看，分光学与照相术等物理方法被应用到了天文学研究中，大大扩展了天文学的研究视野与空间。在观测组织方面，天文学刊物涌现，成为天文学家交流成果的必要平台。《佘山天文年刊》的创办、与全球机构展开相关课题的合作观测研究等，使得创建于这一背景下的佘山天文台很快便成为国际天文学界的一部分。值得一提的是，佘山天文台的"观测数据"还包括将中国古代在天象、地震等方面的记载，用现代西方科学的方法对这些数据进行分析与处理，从而将它们也纳入近代天文学的体系之中。

与佘山天文台的顺利发展相反，民国政府成立后由教育部接管的清政府的钦天监改建而成的中央观象台，尽管也参照了近代科学机构的建制、规模，但由于人才、设备和经费方面的不足，只能先成立历数一科，因而无法参与到近代天文学国际研究之中。但时任中央观象台台长的高鲁（1877—1947，福建长乐人，中国天文学会创始人、首任会长）通过创办《观象丛报》，发起成立中国天文学会等一系列改革举措，为后来的天文研究所的建立，以及紫金山天文台的建造积累了人才与经费。

到 1934 年，紫金山天文台的建筑已基本完工，并多次参与国际天文合作研究项目，还正式加入了国际天文学联合会。对比佘山天文台的

◆ 江苏南京紫金山天文台高鲁像

天文工作，可以看到，紫金山天文台与佘山天文台的天文研究非常一致。这说明，当时的天文机构对世界天文学界的研究方向有着比较明晰的认识和把握。

1937 年，抗日战争全面爆发，离战场更近的徐家汇观象台及佘山天文台陷入停滞状态，紫金山天文台的观测在坚持一段时间后也不得不选择将仪器转移，将天文台的主要研究工作转移至云南昆明东郊的凤凰山。但即使是在战火纷飞中，紫金山天文台的天文研究工作也没有停止过。如 1941 年日全食时，由于正值第二次世界大战期间，许多原定赴中国西北进行观测的外国天文学界学者都未能如愿前行，以天文研究所为主体的中国日食观测队成为唯一一个全程进行观测的研究团队，从而为世界天文学界留存了一份珍贵的记录。

中华人民共和国成立后，原天文研究所研究人员相继重返紫金山天文台，同时还正式接管了徐家汇观象台及佘山天文台。这标志着中国现代天文事业的开端。

◆ 1934 年 8 月，南京紫金山天文台终于建成，并于 9 月 1 日举行了落成揭幕典礼

作为中国人自己建立的最早的天文研究机构之一，天文研究所的建立以及紫金山天文台的建造，发生在近代西方天文学的研究框架已渐趋完善和中国社会思想观念仍然陈旧的背景之下，这也是中国传统天文学向现代天文学转型的重要时期。从大的社会背景来说，它是中国知识分子将西方科学移植到中国的成功尝试之一。由于条件环境所限，中国近代天文学虽起步较晚，在资金、设备等外部条件上均与国际天文学界存在差距，但是因为研究方向上的一致，研究水平上的提升，仍然为中国天文学界赢得了与国际同行平等交流的机会。

◆ 紫金山天文台按照中式风格设计，但天文观测却需要圆形屋顶，这一棘手的问题被杨廷宝领衔的建筑师团队成功解决

无论是余青松（1897—1978，福建厦门人，中国现代天文学家，曾任中国天文学会会长）们将科学引进中国，以科学救国图存，还是传教士们在中国建立近代天文台开展观测活动，二者其实是以两种不同的方式完成同一件事，即以西方科学的研究方法在中国进行观测，而这既是中国天文学的近代化过程，也是近代中西方天文学交流不断深化的过程。

第二节
从科幻文学到“科学大战”

1. 科幻文学：从参与科学到反思科学

17 世纪，伽利略通过望远镜发现了月亮上的环形山，这使得一些科学人士，如开普勒、惠更斯等开始对其他星球适宜人类居住的可能性展开持续的探讨。与此相对应的是，这个时期，文学领域也开始出现一大批以星际旅行为主题的幻想作品。此后，科学与幻想一直存在着密切的互动关系，而且很多幻想都可以看作是科学活动的一部分。

首先是星际幻想小说对时空旅行探索的持续参与。

◆ 对太空中寒冷和失重环境的准确描写，使开普勒无可争辩地成为最先尝试科幻小说创作的科学家

约翰·威尔金斯（1614—1672）是英国皇家学会的创始人之一，他很可能是科学史上第一位对空间旅行方式进行系统关注的人士。他在自己的不同著作（科学文本）中，探讨了四种月球旅行的方式，而这四种方式都可以在科幻或者幻想小说

中找到类似的设想，威尔金斯本人就援引了开普勒的《月亮之梦》(1634年)和戈德温的《月亮上的人》(1634年)两部科幻小说来作为例证，阐释他的月球旅行方式。

19世纪后，科幻小说中开始出现更多新的时空旅行方式，如以“时间是第四维”为原理的“时间机器”的设想等。1915年爱因斯坦广义相对论的提出，使得这一幻想变成了有一点儿理论依据的事情。到现在，关于时空旅行的探讨，在理论物理专业领域已经成为一个重要的研究课题。

◆ 1901年，英国科幻小说家赫伯特·乔治·威尔斯出版了《月球上最早的人类》。图为科学幻想中的登月旅行

此后，科幻作品所想象的时空旅行方式不止一次地启发了科学领域的新的研究方向。如天文学家卡尔·萨根创作的科幻小说《接触》(1985)中以黑洞作为时空旅行手段的设想，吉恩·罗登贝瑞编剧兼制作的《星际迷航》系列科幻剧(1966—2005)集中想象的“翘曲飞行”，都引发了科学界关于时空旅行的研究热潮。

其次是科幻小说作为单独文本对科学活动的参与。这种参与的形式主要有三种：一是科幻小说中的想象结果对某类科学问题的探讨产生直接影响，二是科幻小说把科学界对某一类问题或现象的讨论结果移植到自身的情节中，三是科幻小说直接参与对某个科学问题的讨论。

此外，科学家也会创作科幻小说，如前文提到的开普勒等人。这也是幻想作为科学活动的一部分的例证。

1969 年，人类第一次登陆月球，使得人类的科幻梦想变为现实

从某种意义上来讲，科学与幻想之间的边界是很模糊的，甚至许多科学理论都是含有幻想成分的“不正确的”理论。科学实际上是在无数的幻想、猜想、弯路，甚至骗局中成长起来的。科学的胜利也并不是完全的理性的胜利。在现今的社会环境中，认识到这一点，不仅有利于科学自身的发展，使科学共同体能够采取更开放的心态、采纳更多样的手段来发展自己，同时，也更有利于我们处理好科学与文化的相互关系。

如果说西方的科幻小说是与西方科学共同发展的，那么中国现当代科幻文学则是在中国从农业文明向工业文明的过渡中成长起来的。

最早在中国介绍科幻文学的当属梁启超与鲁迅。梁启超希望科幻能够“沿着科学上行”，“为中国人建立一种新的高瞻远瞩和富有想象力的视野”；而鲁迅则希望科幻文学能够作为科学传播的一种载体发挥效能。在这些思想的引导下，中国的科幻文学创作也得到了一定程度的发展。与西方科幻文学一直将科学作为本土文化的一部分不同，在急迫地需要科学的文化土壤中产生的科学概念往往比西方国家的更加富有霸权性。这既促进了中国科幻文学的发展，也促成了早期中国式科幻文学有

◆ 梁启超塑像。《新中国未来记》是梁启超的以政治科学为主题的科幻小说

◆ 鲁迅塑像。鲁迅年轻时曾翻译过《月界旅行》等科幻小说

别于西方的特殊属性。

20 世纪 90 年代后，中国的社会与文学环境都有了较大的变化，中国科幻文学界掀起了一场科幻新浪潮运动，中国的科幻文学创作迅速完成了与国际的接轨——在“反思科学”或“反科学主义”的纲领下进行创作。此时，科学虽然还是科幻小说的核心元素，但科幻的核心内容已经转为表达人类对启蒙价值现代性和现代化过程的看法。尽管文学对客观世界的描绘和把握远不如科学技术来得精准，但文学却可能在更宏观的层次上把握客观世界。

◆ 由于原子弹等大规模杀伤性武器的发明，世人开始注意到科学的政治化倾向

延伸阅读

为什么说《三体》开辟了中国科幻新纪元

说到中国当代科幻，必须要提的当属刘慈欣创作的系列长篇科幻小说《三体》。这一系列作品包含《三体》《三体Ⅱ·黑暗森林》和《三体Ⅲ·死神永生》，讲述了地球人类文明和三体文明的信息交流、生死搏杀及两个文明在宇宙中的兴衰历程，深刻探讨了人类五千年文明、自然法则、宇宙演变等主题。2015年8月，《三体》获得了第73届雨果奖最佳长篇小说奖，刘慈欣也因此成为中国乃至亚洲首位科幻文坛最高荣誉雨果奖得主，之后他又被授予2018年度克拉克想象力服务社会奖，以表彰他在科幻小说创作领域做出的贡献。

2019年春节期间，根据刘慈欣同名小说改编的电影《流浪地球》上映，引发了观影热潮，累计取得了近50亿元票房的优异成绩，位列中国影史票房榜第二，并且被翻译成28种语言，在全世界190个国家上线。《流浪地球》的成功，更是激发了观众对科幻这一小众的文学题材的兴趣，一时间，科幻文学成为市场新风口，中国的科幻元年就此启航。

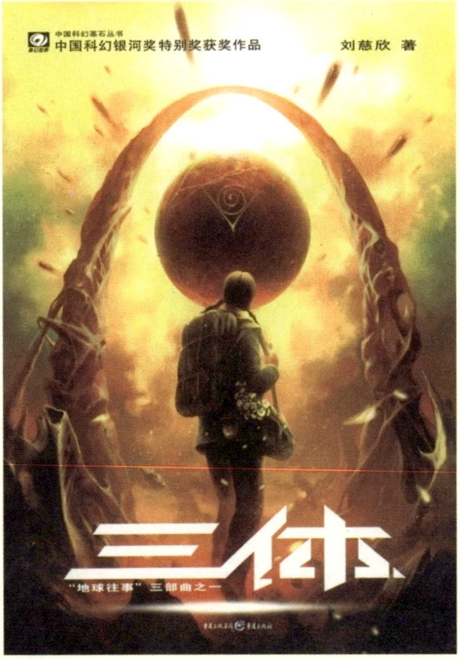

◆《三体》是刘慈欣创作的系列长篇科幻小说

◆《流浪地球》电影剧照

2.“科学大战”后中国有什么新观念

20 世纪 70 年代以来，在英、美、法等国的人文学者中出现一股新颖的文化思潮，这一思潮后来被统称为后现代主义，包括科学知识社会学、后现代殖民主义、女性主义、激进生态主义、科技伦理等多个学派。他们把怀疑与批判的目光投向了“科学”这一历来被认为是无可指摘的领域，指出西方现代科学与政治意识形态、商业利益集团、欧洲中心主义、男性中心主义等有诸多联系。这激怒了许多科学家和持实证主义立场的哲学家，为澄清耳目，巩固对科学与理性的坚定信念，他们开始对这些科学文化研究者进行回击。一场科学与人文的大论战由此爆发，这就是著名的“科学大战”。

这场“科学大战”在西方世界持续了近 10 年。而随着中国学界对西方文化思潮的介绍，中国部分人文学者与科学工作者之间也出现了关于“保卫实在”与“审视实在”的争论。当然，由于国情不同，争论所关注的焦点及争论的方式也与西方略有不同。

科学应用的新动力抓住了人的想象力，有助于推动人类形成知识无所不能的观念

毫无疑问，和西方科学界相似，中国科技工作者对西方后现代文化思潮中否定科学知识的客观性及其相对主义倾向是决然反对的，而且面对激进的后现代文化思潮中明显否定科学知识客观性的倾向，即使是积极翻译西方学术文化思想的部分人文学者也持批评的态度。原因是，在中国，科学经历过轻视科学与捍卫科学的斗争。改革开放以来，这场斗争已经开始向单纯的科学立场与新兴的人文立场之间的张力转变了。

牛顿的科学发现为理性主义推波助澜

因此，对于中国部分人文学者来说，西方后现代主义所提倡的对科学知识进行社会学研究，是新时代条件下对科学进行初步探索与反思的契机。

但是，要对科学知识进行社会学研究，

卡尔·波普尔尤其反对观测－归纳法，他认为科学理论不适用于普世，只能做间接评测

必须站在人类整个认识成果的高度，对各个知识系统做综观考察。这势必将科学知识当成人类整个认识成果中的一个类别，这样，科学知识的绝对权威地位就不存在了，而是被降格为与其他知识平等的知识体系，还得接受学者们（有的还是科学的门外汉）的审查。这对科学主义者来说无疑是将他们心目中的圣像从神坛上搬了下来，摆放在与芸芸众生平等的台面上。

为了协调两者之间的关系，一个超越传统“科普”概念的新提法——“科学传播”开始被引入。科学传播的核心理念是“公众理解科学”，即强调公众对科学作为一种人类文化活动的理解和欣赏，而不仅是单向地向公众灌输具体的科学技术知识。这是中国科学界、学术界在理论上与时俱进的表现。这些理论上的进步，又必然会对科学与人文的关系、科学传播等方面产生重大影响。

（本章执笔：胡晗博士）

中外科学技术对照大事年表

（1912 年到 2000 年）

物 理

中　外

1913 年

玻尔建立氢原子的玻尔模型，他提出的定态、能级、量子跃迁等概念为量子力学的建立奠定了基础

1916 年

爱因斯坦提出受激辐射概念，现代激光器即根据光通过受激辐射被放大的原理实现的

1928 年

普夫吕默研制成功录音磁带

1930 年

狄拉克提出空穴理论，预言了第一种“反粒子”正电子的存在

泡利提出中微子假设，挽救了微观领域中的能量守恒定律

1932 年

查德威克发表题为《中子可能存在》的论文，宣布发现中子

4 月，苏联科学家伊凡年科向《自然》杂志提交只有半页的论文，提出原子核仅由质子和中子组成；同年 6 月，海森伯在《论原子核的构造》一文中独立地提出同一假说

1932 年底

劳伦斯和他的合作者制成可将质子能量加速到 1.25 兆电子伏、磁极直径约 0.3 米的回旋加速器，拉开建造能量越来越高的各类加速器的序幕

1933 年

第一台实用的电子显微镜研制成功

迈斯纳和奥克森费尔德发现进入超导态后，超导体相当于磁导率为零的抗磁体，具有完全抗磁性，称为迈斯纳效应

1919 年

阿斯顿发明可测得各同位素质量、丰度的质谱仪

1920 年

玻尔正式提出对应原理

1924 年

德布罗意提出物质波假设，把微观粒子的粒子性与波动性用德布罗意关系联系了起来

1925 年

乌伦贝克和古德斯密特提出电子自旋概念，解决了困扰物理学家多年的反常塞曼效应和原子光谱的精细结构问题

贝尔德研制出电视系统

1926 年

薛定谔建立氢原子的定态薛定谔方程，提出了求解的近似方法，从而创立波动力学

德拜和吉奥克提出可获得 1 开以下超低温的磁冷却法

1927 年

海森伯提出不确定性原理

1935 年

爱因斯坦等人为论证量子力学的不完备性，提出 EPR 悖论，涉及如何理解微观物理实在性问题

汤川秀树提出核力的介子理论，用来说明核力的起源

泽尔尼克发明相衬显微镜，适用于观察无色透明物体

1936 年

四方机电工程公司制造出中国第一台工业锅炉

1938 年

哈恩等人发现原子核裂变

1942 年

费米主持在芝加哥大学室内网球场秘密建造第一座核反应堆

1945年

第一颗原子弹在美国新墨西哥州试爆成功

1946年

迪菲厄发表《傅立叶变换及其在光学中的应用》，得出结论：在相干光照明和近轴条件下，透镜相当于傅立叶变换器。此书的出版标志着傅立叶光学的形成

费利克斯·布洛赫和珀塞尔通过实验发现核磁共振现象

1958年

范艾伦发现地球辐射带（范艾伦带）

1959年

诺依斯与基尔比发明集成电路

1960年

梅曼研制出激光器

1964年

中国第一颗原子弹爆炸成功

盖尔曼提出夸克模型

1967年

中国第一颗实用的氢弹爆炸成功

统一描写弱相互作用和电磁相互作用的量子场理论“电弱统一理论”问世

1968年

木村资生提出分子进化的中性学说，认为大多数分子水平的突变是通过遗传漂变，而不是通过选择才被保留或淘汰

1969年

普利高津建立关于自组织现象产生耗散结构的理论

1972年

托姆创立突变理论，后被列为系统科学“新三论”之一

1973年

量子色动力学建立

1974年

丁肇中和里克特分别领导的两个实验小组几乎同时宣布发现了新粒子J/ψ 粒子

1976年

丘成桐证明卡拉比猜想：复流形上可以有好的黎曼度量，物理意义是可以存在没有物质、引力场却是“紧”的时空

1982年

宾尼希和罗雷尔发明扫描隧穿显微镜

伽柏发明全息照相术

博士生王安开发磁芯存储器

1948 年

1950 年

被誉为“现代爱迪生”的中松义郎发明软磁盘

汤斯发明微波激射器，为可见光波段激光器的发明奠定了基础

1953 年

1956 年

李政道、杨振宁发表《弱相互作用中的宇称守恒问题》，提出几种判决性实验方案；不久吴健雄（女）利用极化钴的 β 衰变实验证实他们的猜想：弱相互作用中宇称不守恒

考恩和莱因斯领导的实验组第一次探测到中微子（实际上是反中微子）

1955 年

塞格雷和欧文·张伯伦领导的研究小组用高能质子轰击铜原子，产生反质子

卡尔·缪勒和他的学生与贝德诺尔茨发现高临界温度超导材料

1986 年

1991 年

英国牛津郡的托卡马克装置“欧洲联合环”（英文缩写 JET）上首次成功实现氘－氚等离子体聚变反应

费米国家实验室正式宣布找到了顶夸克存在的初步证据

1995 年

1998 年

中国科学家首次把氮化镓制备成一维纳米晶体

CRH
和谐
CRH-010A

第 三 章

从跟跑到领跑：中国当代科技

在漫长的古代社会中，人们认识自然万物、改善生存环境较为缓慢，科学技术以较低的速度发展。工业革命以来，科技飞速发展，科学知识越来越呈现出类似爆炸式增长的态势。今天距离科技大爆发已经过去 200 多年了，科技的发展速度越来越快，产生的累积作用比过去更大。从某种程度上讲，见证科技飞速发展的人，都遭遇了数千年未有的大变局，见证了人类历史上最重要的演化时刻。1840 年以来，中国被强行拖入全球化进程中，闭关锁国的高墙被打破。在此之后，神州陆沉，寰宇纷扰。中华人民共和国成立后，特别是 1978 年改革开放以来，中国的建设与民族的振兴才走上了正轨。近年来，一项又一项的科技成果纷至沓来，各个领域捷报频传。

第一节

坚船利炮：面对挑战的生存之本

1. 中华民族有着怎样的海洋伤痛

自 15 世纪起，强大的海上力量在欧洲出现。西班牙、法国、英国相继称霸海洋，建立全球殖民地。两次世界大战中，战列舰和航空母舰等巨型舰船相继登场，经历了中途岛海战等许多重要战役。

◆ 甲午战争中的威海卫海战图

中华民族对海军与海洋有着特殊的情结。1840 年鸦片战争爆发，中国万里江山被外强践踏，中国人第一次有了坚船利炮的印象——这就是科技的力量。几十年后的洋务运动中，清政府陆续建立了北洋水师、南洋水师和广东水师等舰队，开始了发展海军的尝试。当时的中国不能制造舰船，全部需要从欧洲购买。1894 年，北洋水师在中日甲午战争中全军覆没，成为全体国人心中永恒的伤痛。

此后 55 年间，中国始终没有建立起与其地位相称的海上力量。中华人民共和国成立后，随着综合国力的提升，中国逐步掌握了相关舰船先进的制造技术，实现了海上力量从无到有、由弱到强的华丽转变。可以说，当今的人民海军已经建立起了设施先进、覆盖全面的海上攻防体系。

2. 从“辽宁舰”到国产航母

在远距离跨国、跨地域作战时，航空母舰是最强有力的海上活动战斗基地。起源于“一战”、兴盛于“二战”的航空母舰，简单来说就是一座海上移动飞机场，也是目前海上最强大的力量载体，排水量可达数万乃至十余万吨。航母的出现，直接扭转了仅仅靠战列舰的“大舰巨炮”制胜的海战模式，发展了集舰载机、火炮、导弹及潜艇的综合作战技术。具体来说，航母舰队是海上移动作战堡垒，以航母为中心，辅以巡洋舰（大型驱逐舰）、导弹驱逐舰、护卫舰、潜艇和补给舰等，由火炮、导弹、舰载机构成攻击力量，整体涵盖防空、反舰、反潜、水下作战、补给等几大领域。

中国有一艘现役航母——“辽宁舰”。“辽宁舰”由苏联涅夫斯基工程设计局设计，尼古拉耶夫造船厂负责制造，是俄罗斯唯一的现役航母“库兹涅佐夫号”的姊妹舰，原名“瓦良格号”。1988 年下水，因苏联解体，资金无着落，仅完成三分之二，一直停泊在乌克兰尼古拉耶夫南部造船厂。后来中国从乌克兰手中购买过来。2005 年，“瓦良格号”在中船重工集团公司大连造船厂进行续建和改造。2011 年 8 月 10 日进行了首次海试。2012 年 9 月 25 日，“瓦良格号”正式交付中国人民解放军海军，命名为“辽宁舰”。

◆ “伟大的变革——庆祝改革开放 40 周年大型展览”航空、航海技术展台

制造航母的难点在哪里呢？简言之，巨大、复杂。第一，航母包括非常多的子系统，这些子系统之间要能够相互协调，而且稳定性要好。第二，航母对单独的子系统要求很高，基本上达到人类能力所能达到的极限。例如，航母的制造首先涉及的是船体，也就是结构和材料问题。大船不是小船的简单放大，需要重新进行结构设计。在材料上，需要大面积的特种钢材，这些钢材必须要强度高，韧性好。舰载机动辄几十吨，起飞着陆需要强有力的甲板支撑。航母在海上航行可达数月，这对它的耐腐蚀、抗风浪能力也是很大的考验。第三，涉及动力问题。航母要保证数千海里的航程，战斗时还要维持将近 30 节的航速（相当于每小时 55.56 千米），需要强大的动力。

20 年前，中国的海军尚苦于舰艇少，装备老化。经过 20 年的发展，中国海军已经步入世界海军强国之列，总吨位数居全球第二。但是，我们也应该清晰地看到，与美国相比，我们还存在巨大的差距。

令人振奋的是，中国第一艘国产 002 型航母完工在即，中国将拥有两艘航母（吨位数第二，航母数与意大利并列第二）。国产 002 型航母采用滑跃式起飞，是 001 型航母的升级版，性能超过“辽宁舰”，可称得上名副其实的中国国产航母。国产航母于 2013 年 11 月 19 日在大连造船厂开始建造，预计将在 2020 年前后交付海军。

3. 正在建设的大型航母舰队

在航母编队的建设上，中国正在努力研制航母编队中缺失的大型两栖攻击舰（075 型）。在驱逐舰领域，我们取得了很大的成绩，这就是被誉为航母“带刀侍卫”的 055 型导弹驱逐舰，建成后甚至能够超过美军的阿利·伯克级驱逐舰，将会是世界上综合实力最强的驱逐舰。055 型驱逐舰的最大特点是体积大，设施先进，满载排水量约 13000 吨，是 052D 型驱逐舰的将近两倍，装备 112 单元的舰载垂直发射系统，世界上首次装备双波段相位阵列雷达，具有较高的信息化水平和隐形性能。

中国首批建造的055型驱逐舰为8艘，已有6艘分别在上海江南造船厂和辽宁大连造船厂同时建造。2017年6月28日，首艘055型驱逐舰在江南造船厂下水。2018年4月28日，大连造船厂也有一艘下水。至2021年，这6艘055型驱逐舰将会交付海军正式服役。与此同时，美军研发了超级先进的朱姆沃尔特级驱逐舰，但由于造价高昂，测试期间问题不断，短期内难以量产。

军事是生存之本。强大的军事力量如同保护伞，为我们赢得生存的空间。新中国成立之初，中国在极端困苦中研制出“两弹一星”，才有了至今的和平。21世纪以来，中国在军事及相关领域更是取得了举世瞩目的成就。除了上文中介绍的航母、055型驱逐舰，还有歼-20战斗机、运-20大型运输机、99A式主战坦克、东风-41洲际弹道导弹等，以上种种近年来军事领域诞生的大国重器，是我们国家科技实力强大的直接表现，是我们面对挑战的生存之本。

◆ “辽宁舰”以及我国第二支航空母舰编队模型

第二节

世界领先的中国高铁技术

1. 高铁与火车有什么区别

2017 年 6 月 25 日，中国标准动车组正式命名为“复兴号”，26 日在京沪高铁正式双向首发，9 月 21 日，“复兴号”动车组在京沪高铁正式开始以 350 千米的时速运行，是世界上运行速度最快的列车。上海与北京之间的高铁运行时间最短已至 4 小时 18 分。

高铁是中国的一张名片，是中国科技水平、制造实力的典型代表，是国家荣誉的体现，但高铁更多的是在日常生活中服务普通百姓。放眼全国，2018 年，铁路完成旅客发送量 33.7 亿人次，其中动车组共发送 20.05 亿人次。中国的高速铁路网已经基本覆盖各省会及 50 万以上人口城市，东部地区密度最大，中西部正在加速建设。2017 年 12 月 6 日，西安至成都的西成高铁全线开通运营，运行时间由普快列车的 11 个小时缩短为 4 小时，关中与蜀地之间的千年交通瓶颈制约得到极大缓解。长三角、京津冀、珠三角地区更是形成了一小时生活圈。如上海到杭州高铁最快仅需 45 分钟，这个时间可能比市内交通花费的时间还要短。可以说，高铁出行已经成为人们的一种生活方式。

那么高铁与普通列车有什么不同呢？它的快又是如何定义的呢？简单来说，高铁指的是高速铁路运输系统，采用的列车是动车组列车。

火车发明于 19 世纪早期，是由铁路机车（俗称“火车头”）提供动力，再连接数量众多的铁路车辆组成的，那时的火车都是蒸汽机车。20 世纪初开始更换为柴油机车，后来又逐渐换成电力机车。更换成电力机车之后要

◆ 北京南站夜景。北京南站是中国最大的客运特等站，客流量名列世界第三，被誉为“亚洲第一站”

对铁路线进行电气化改造，火车运行需要的电力一般由高架电缆提供。按照提供动力的位置来划分，火车可以分为动力集中式列车与动力分散式列车两种。早期火车由铁路机车提供动力，其他铁路车辆被动牵引的方式称为动力集中式，也就是“一带多”。动力分散式列车，它的动力分布在多个车厢，不是集中在机车上，也就是“多带多”。这样有利于实现较大的牵引力，可以灵活编组，制动时效率高。

中国普通意义上的动车，指动力分散式列车。动车组的动力系统在车厢的下部（我们在乘坐动车时听到列车员英文广播，称呼为“EMU Train”，这里的EMU即是电力动车组的英文Electric Multiple Unit的缩写），每一个车厢都可以搭载乘客或者货物，车头和车尾只是多了驾驶室，并没有单独的动力机车。

而高铁的意思是高速铁路，世界各国对高铁的定义不尽相同。在中

国，高铁是指设计开行时速 250 千米以上（含预留），并且初期运营时速 200 千米以上的客运专线铁路。

2. 中国为什么大力发展高铁

中国要大力发展高铁事业，是基于国情及长远发展考虑的。

第一，高效的交通是现代化的一大特征，也是必要条件。相比古代社会，现代化的一大特征就是交通的便利，不管是人、货物还是信息，运输和交流的速度快，体量大。通过高铁的建设，受益最直接的是人们的出行。再者，现有铁路线会释放出大量的运能，缓解货运能力紧张的局面，之前依赖公路的物流将会转向成本较低的铁路运输。这样全社会人流、物流的速度加大、通量增大效应会很明显。

举一个简单的例子，一个人要从武汉出发去深圳会客，如果开车前往可能需要 12 个小时以上，乘坐高铁仅仅需要不到 5 个小时，大大节省了时间。再比如我们从新疆网购干果，在物流不通畅的时候可能需要将近一周才能收到，习惯了“次日达”的人们肯定无法接受。现有普通列车的时速约为 120 千米，与汽车相当，对于长途旅行来说还是太慢了。高速铁路的时速可以达到 350 千米，甚至更高，当出行距离在 1000 千米之内时，高铁有绝对的速度（针对汽运）和时间（针对空运）优势。

第二，中国人口多，密度大。2018 年，中国总人口数接近 14 亿，铁路是服务大多数人出行的最有效方式。以效率和速度论，铁路运输大幅优于公路运输；以运力论，铁路运输又大幅优于空运；以能耗及污染物排放论，铁路运输均优于这两者。现在以及将来，高铁是提高交通运力的不二之选。

现有关于高铁建设的争论主要集中于成本上。俗语有云“要致富，先修路”，从长远来看，高铁的兴建是绝对有利的。中国的人口分布密度大，除去边疆地区密度小外，各省份的人口平均密度，约在每平方千米几百人；这么大的运输量只有高铁能够承受，同时，这个运输量也会保证一段时间后高铁能够收回成本，2015 年，地理位置最好的京沪高铁在建成五年后率先实现盈利。

第三，兴建高铁对社会发展有强劲的拉动作用。大规模高铁建设对工程建筑、制造行业有直接的拉动和促进作用。除此之外，高铁的兴建还会带动电力、信息、冶金、计算机、橡胶和精密仪器等一系列产业的发展和升级，对制造强国有很大的帮助。

在经济发展上，高铁的建设会显著促进区域一体化进程，中心城市的辐射作用加强，周围二线城市被带动起来，这就是高铁开通的“协同效应”。使区域之间加快“同城化”，实现互联互通之后，区域资源共享，产业梯度转移加快，有效推动区域内产业优化分工。例如，随着长三角地区高铁的完善，三个中心城市上海、南京、杭州之间的高铁运行时间最短为 1 小时以内，这样畅通、便捷的交通带动了长三角地区协同分工，错位发展，建立等级、分工不同的产业体系，减小了内耗，使苏州、无锡、常州、嘉兴、绍兴等周边城市能够享受到中心城市带来的辐射福利，形成大规模城市群，实现区域协同发展。进入 2019 年，随着京津冀协同发展、长三角一体化、粤港澳大湾区等区域战略的启动，新的中国区域经济版图逐渐形成。

对比世界其他国家和地区，我们可以更清晰地认识高铁的兴建。

日本新干线是第一个投入商业运营的高铁线路。1964 年 10 月 1 日，第一条联结东京与大阪的东海道新干线开通运营，列车最高运营时速 210 千米，使东京、大阪之间实现了当日往返，也接通了京滨、中京等城市，形成一个“4 小时经济圈”。经过后续多年的修筑，新干线将日本大多数的重要都市联结起来，几乎覆盖从最北端的北海道至南部九州岛的整个日本

◆ 湖北武汉高铁站

列岛。

就整个欧洲而言，其面积与中国大致相当，人口 7 亿多，密度低于中国。然而，欧洲的铁路密度世界第一。法国、意大利、德国、西班牙、比利时、荷兰等国相继建设高铁，是高铁技术发展较为完善的地区。

就美国而言，其铁路总长度 25 万千米，居世界第一，但大部分修筑于 19—20 世纪，技术落后，运营速度慢。美国人口密度不大，城市与城市之间常相隔甚远，因此发展出了发达的航空业。

3.“复兴号”为什么被称为中国制造新名片

中国的高铁列车施行的是引进、消化吸收、再创新相结合的发展模式。“和谐号”动车组是引进和消化吸收阶段的产品，“复兴号”动车组则是自主创新阶段的产品。

2000 年前后，中国先后自主研发了“先锋号”“长白山号”“中华之星”等高速列车，“中华之星”更是在秦沈客运专线创造了时速 321.5 千米的纪录。但由于许多关键技术没有掌握，设备的可靠性、稳定性不足，国产列车距离商业运营还有很大距离。2004 年起，国内机车制造商与国外厂商签订协议，同时引进了国外顶尖的四家厂商的先进技术。中国坚持以市场换技术的策略，让外方向中国企业全面转让技术，在国内合资搭建生产线，以便国内企业日后可以自主生产，掌握核心技术。中国还要求国外厂商为国内企业提供必要的技术服务与人员培训，提高国内设计、制造和管理人员的水平。通过这一系列措施，中国制造出了第一代技术先进的动车组“和谐号”。这是从无到有的转折点，我们初步掌握了高铁列车的生产、制造技术，一些核心的部件能够自产，如牵引变频器、受电弓、高速转向架等。

“和谐号”的主要型号有：

CRH1，由加拿大庞巴迪与中车青岛四方机车车辆股份有限公司的合资公司生产，以庞巴迪的Regina C2008动车组为原型。

◆ 中国铁道博物馆陈列的“和谐号”客、货机车模型

CRH2，由中车青岛四方机车车辆股份有限公司生产，以日本川崎重工的E2-1000动车组为原型。

CRH3，由唐山轨道客车有限责任公司生产，以德国西门子ICE3动车组为原型。

CRH5，由长春轨道客车股份有限公司生产，以法国阿尔斯通Pendolino动车组为原型。

国内厂商在学习、消化的基础上，逐步开始了列车的研制工作，如以下两种型号：

CRH6，由南京浦镇车辆和青岛四方联合设计生产的短途城际列车。

CJ1，由长春轨道客车和唐山轨道客车设计生产的城际动车组列车。

需要特别提出的是CRH380系列动车组。该系列列车是中国厂商自主研发设计并生产的新一代动车组，是我们的高铁技术逐步赶上并超越国外厂商的一大标志。

◆ CRH 动车组车辆均命名为“和谐号”

2010 年 12 月 3 日，由青岛四方机车生产的 CRH380A 型动车组，在京沪高铁枣庄与蚌埠段实现了时速 486.1 千米，是轮轨列车运营线路上实现的最高速度。然而仅仅一个月后，这个世界纪录就被打破。2011 年 1 月 9 日，由长春轨道客车和唐山轨道客车联合研制生产的 CRH380B 系列动车，在京沪高铁运行试验中，创下了每小时 487.3 千米的极限速度。

截至 2018 年底，共有 3268 辆（标准列）动车组奔驰在中国的大地上，其中绝大多数是“和谐号”动车组。十多年的运行，充分验证了列车的先进技术和可靠性能。

既然“和谐号”系列动车组已经实现了高铁从无到有的转变，为什么还要开发“复兴号”动车组呢？或者说“复兴号”进步的地方在哪里？最重要的原因是，型号不统一，运营维护成本高。

中国高铁的运营里程比全球其他地方运营里程总和还要长，这就意味着维护、运营成本是巨大的挑战。

◆ “和谐号”车厢内部干净整洁

前述中国现有高铁列车，基于国外的 4 个技术平台，细细划分有将近 20 种型号，而且不同型号之间技术标准很不一致。各车型在座位数、零配件、控制方式、检修设备等方面均存在差异，相互之间不能实现互联互通，出现问题不能相互救援。这就需要铁路局针对每一种型号的列车都有不同的维护队伍、设备，这样既增加了成本，也增加了复杂度。而伴随着中国高铁里程数的不断增加，上述成本也以更快的速度增加，所以，高铁动车的中国标准已经呼之欲出。

让我们来看一系列时间点：2013 年 6 月，中国铁路总公司正式启动“中国标准动车组研制项目”，涉及牵引、制动、网络控制、车体、转向架等 9 大关键技术，以及车钩、空调、风挡等 10 项主要配套技术。6 个月后，中国标准动车组完成了总体技术条件制定。2014 年 9 月，动车组方案设计完成。2016 年 8 月 15 日，中国标准动车组首次载客试运行。2017 年 6 月 26 日上午，中国标准动车组从北京南站和上海虹桥站同时对开首发，这就是“复兴号”。

“复兴号”是中国铁路总公司组织中国中车公司研发制造的中国标准动车组，最高运营时速 350 千米，是目前运行速度最快的高铁。相比之前，“复兴号”在安全、经济、舒适以及节能环保等方面有较大提升。最大的优势在于，列车使用的 254 项重要标准中，中国标准占 84%。列车从整体设计到车体等关键技术都是自主研发。“复兴号”的诞生，证明中国全面掌握了高铁动车组的核心技术，提高了安全掌控能力，降低了运营、维护等成本，提高了核心竞争力。

通俗来讲，“复兴号”就是按照中国需要统一设计而成的，中国的需要就是中国标准。无论出自中国中车旗下哪个子公司、哪种型号，从内到外、从软件到硬件，都会有统一的标准。中国拥有世界上系统技术最全的高速铁路技术，在高铁最重要的速度和安全两个方面都有出色的表现。

“复兴号”现有“CR400AF”和“CR400BF”两种型号投入正式运营，正在开发 CR300 与 CR200J 系列。命名中 CR 是中国铁路总公司的英文 China Railway 的缩写。数字代表速度等级，根据规划，设计最高时速分别是每小时 200 千米、300 千米和 400 千米，对应的运营时速是每小时 160 千米、250 千米和 350 千米。之后的第一个字母代表厂商，A 是青岛四方机车，B 是长春轨道客车。最后一个字母，F 代表动力分散式，J 代表动力集中式。

“复兴号”的里里外外体现着中国制造的进步和成就。

外形设计。得益于国内在超算和空气动力学方面的发展，“复兴号”采用全新低阻力流线型车头和车体平顺化设计，空调及受电弓等设备采取沉入式安装。列车阻力比 CRH380 系列降低 7.5%—12.3%，时速 350 千米时人均能耗下降 17% 左右。

牵引动力。“复兴号”的牵引动力最少提升 4%，达到 10000 千瓦以上。牵引传动系统是动车组的心脏，包括牵引变压器、牵引变流器、牵引电机等，在硬件和软件上全部实现了自主设计、制造，成为世界上少数全面掌握这一技术的国家之一。

智能感知。“复兴号”全车部署了2500余个监测点，全面监测列车运行状况。

旅客体验。车厢内实现了Wi-Fi网络全覆盖，设置USB充电插座，为旅客提供良好的乘坐体验。

控制系统。相比于“和谐号”，“复兴号”在控制系统方面的进步是最大的。列车控制系统与轨道、动车并称高铁最关键的三项核心技术，负责列车上的高压、牵引、制动、辅助供电、车门、空调等各个子系统的控制、监视，以及这些控制信息和故障信息的传输、处理。列车控制系统是对列车进行中央控制、指挥列车安全运行的主要工具，是动车组最关键的核心技术之一，也是国外技术封锁的重点。

“复兴号”的设计生产中，中国攻克了列车控制的难关，实现了中国标准动车组列车网络控制系统的硬件和软件全部自主化，使动车组真正有了“中国脑”。中国标准动车组实现了车载设备信息能够互联互通，实现了不同厂家生产的相同速度等级的动车组能够重联运行，不同速度等级的动车组能够相互救援。

列车调度。中国通号（中国铁路通信信号股份有限公司）研发的中国列车运行控制系统（Chinese Train Control System，缩写为CTCS），实现了高铁全自动调度的“全国一张网”模式。目前，中国的CTCS-3（简称C3，3是等级数）是世界最先进的高铁列车运行控制系统。该系统又根据功能要求和配置将应用等级划分为0—4级。

CTCS能够满足列车时速350千米、最小运行间隔3分钟的运营要求。在如此高速度、高密度条件下，保证车辆的正常行驶就显得很重要且必要。时速350千米的列车刹车制动后还要滑行6500米。C3系统可以保证每辆列车自身不超速，前后两车之间保持安全行车距离。当系统检测到任何不利因素时，包括设备故障切换、降级运行、减速停车等，都会自动采取措施，避免出现事故及运营秩序混乱。

2018 年 4 月，由中国通号研发的全球首套时速 350 千米的高铁自动驾驶系统（C3+ATO）顺利完成实验室测试，接下来即将进入现场试验。C3+ATO 意为在中国列车运行控制系统基础上增加列车自动驾驶功能（Automatic Train Operation，英文缩写为 ATO）。该项技术的完全自主化以及中国技术标准的建立，标志着中国高铁智能化运营水平领跑全球，将迎来自动驾驶时代。

◆ “复兴号”中国标准动车组模型

4. 中国高铁未来有哪些新线路

中国高速铁路是目前世界上最大规模的高速铁路网。国际高铁联盟的统计数据显示，截至 2018 年底，中国高铁运营里程超过 2.9 万千米，超过世界高铁总里程的三分之二。中国高铁动车组累计运输旅客突破 90 亿人次，中国高铁的安全可靠和运输效率世界领先。接下来依次是日本、西班牙和法国，高铁里程在 3000 千米左右。德国里程不到 2000 千米，其余各国都在 100 千米量级。

中国幅员辽阔，各地气候和地形不一，为高铁建设带来巨大挑战。不同地区的高铁需有独特的线路、运营调度、通信和网络、机械、材料等。例如，中国最南端的高铁——海南环岛高铁，处在热带地区，温度、湿度都高，台风频发。兰新高铁经过茫茫戈壁，湿度很低，尘土飞扬，风力极大。贵广高铁贯通群山，地形结构复杂，隧道长度超过总长度一半。于 2012 年 12 月 26 日开通的京广高铁，是世界单条运营里程最长的高铁，北起北京，经石家庄、郑州、武汉、长沙等地，南至广州，全长 2298 千米。

这里要介绍一下世界首条高寒高铁——哈大高铁。哈大高铁于 2012 年 12 月 1 日开通运营，总里程 921 千米，设计时速 350 千米，贯穿黑龙江、吉林、辽宁三省，全年最低气温低于 −40℃，温差达到 80℃，覆盖的是中国最为寒冷，也是温差最大的地区。

青藏铁路也是修筑在严寒地区，难点主要在冻土上。东北的情形又不一样，问题在于“冻融循环”。夏天修筑的铁路，冬天时土壤中的水分结冰膨胀，会使路基变形。一年一个冻融循环，不采取措施，来年铁轨就严重变形了。然而动车组因运行速度极快，对于路的平整度要求极高。只要线路上有一个小的起伏，就会给飞驰的列车带来严重的安全威胁。在哈大高铁建成之前，寒冷地区建设高铁轨道没有可以借鉴的国外经验。经过多次实验和改良，中国最终解决了这个难题。先通过强夯、冲击碾压等方式将一定厚度的土壤硬化，减弱吸水性能。随后，在土层上面铺上较厚的路基，并在路基下部加了防水隔断层，阻隔地表水渗入路基。

还有道岔融雪问题。冬天，哈大全线最大积雪厚度为 17—30 厘米，道岔容易被雪埋住，在有变轨动作时会将积雪挤压成冰状，使列车进路的选排受到影响。为了保证高速行车安全畅通，哈大高铁沿线 27 个车站（场、所）全部设置了道岔融雪装置。

中国现已完成四纵四横铁路客运专线布局。四纵四横是铁道部原《中长期铁路网规划（2008 年调整）》中设定的客运专线，客车速度目标值为每小时 200 千米以上（宜万铁路时速 160 千米）。四纵（南北向）是指：京沪高

◆ 青藏铁路被誉为“天路”

速铁路、京广深港高速铁路、京哈客运专线、杭福深客运专线；四横（东西向）是指：青太客运专线、徐兰高速铁路、沪汉蓉客运专线和沪昆高速铁路。

2016 年 7 月经国务院批复的《中长期铁路网规划》，提出“八纵八横”的高速铁路主通道，同时规划布局高速铁路区域连接线，并发展城际客运铁路。

“八纵”通道包括沿海通道、京沪通道、京港（台）通道、京哈 - 京港澳通道、呼南通道、京昆通道、包（银）海通道和兰（西）广通道。“八横”通道包括绥满通道、京兰通道、青银通道、陆桥通道、沿江通道、沪昆通道、厦渝通道和广昆通道。

按照规划，到 2020 年动车组保有量达到 3800 标准列左右，其中“复兴号”动车 900 列以上。到 2025 年，铁路网规模达到 17.5 万千米左右，其中高铁 3.8 万千米左右；到 2035 年，中国高铁将努力实现 500 千米以内的通勤化交通、1500 千米的同城化交通和 2000 千米的走廊化运输，率先建成发达完善的现代化铁路网。到本世纪中叶（2050 年），努力实现 3 万吨级重载列车和时速 250 千米级高速货运列车等方面的重大突破，合理统筹安排时速 400 千米级高速轮轨客运列车系统、时速 600 千米级高速磁悬浮系统等技术储备研发。中国将形成运输保障能力强大、战略支撑有力、运输服务高效、资源环境友好的功能完善、服务一流、绿色环保的现代化铁路网。

中国的公路系统也十分完善。几十年来中国建立起了从中心城市到乡村的完整的公路网。尽管中国的公路总里程还不是世界领先的，但以高速公路而论，截至 2018 年底，中国高速公路通车里程突破 14 万千米，居世界第一，基本覆盖所有中等及以上城市。

从全国范围来看，现在修好的四纵四横高铁线路基本处在东部发达地区，是最容易盈利的线路。正在修筑的八纵八横则覆盖更广大的中西部地区，这些线路短期内根本不可能盈利。

如果我们将眼光再放长远一些，高铁、公路，加上房地产、电力、水利这些基础建设，大部分中国人都享受到了它们带来的便利和服务。随着小康社会的建设，它们正在努力服务更多的人。中华人民共和国成立以来，中国建立了完整的工业体系、医疗保障体系、粮食保障体系等，这些体系的强大是人民幸福、国家富强的大前提，借助这些体系，全民才能享受到科技进步带来的福利。我们国家的现代化起步很晚，但更要注重基础。基础建设好了，现代化的宏伟蓝图变为美好现实，也就为期不远了。

◆ 高铁为人们出行带来巨大的便利

第三节

走向全面振兴的中国科技

1."两弹一星"与青蒿素研制

近代西方的坚船利炮给中华民族留下永久的伤痛。一代又一代仁人志士追求科技进步的努力从未停歇。中华人民共和国成立后，饱经战乱、满目疮痍的古老民族，在极其艰难的条件下，迈开了追赶的步伐，取得了"两弹一星"、青蒿素研制成功等重大成就，证明了外国人能办到的，中国人一样能办到。

"两弹一星"我们都十分熟悉，指核弹、导弹和人造卫星。事实上，"两弹一星"最初指的是原子弹、氢弹和人造卫星；后来随着中子弹等核武器的相继诞生，"两弹一星"中的原子弹逐渐演变为核武器的合称，即核弹。20世纪五六十年代，面对严峻的国际形势，为了抵制帝国主义的武力威胁和核讹诈，保卫国家安全，维护世界和平，以毛泽东同志为核心的第一代党中央领导集体，高瞻远瞩地做出了独立自主研制"两弹一星"的战略决策。大批优秀的科技工作者，包括许多在国外已经有杰出成就的科学家，怀着对新中国的满腔热爱，响应党和国家的召唤，义无反顾地投身到这一神圣而伟大的事业中来。他们在当时国家经济、技术基础薄弱和工作条件十分艰苦的情况下，完全依靠自己的力量，用较少的投入和较短的时间，突破了核弹、导弹和人造卫星等尖端技术，取得了举世瞩目的辉煌成就。1960年11月5日9时，中国仿制的第一枚导弹"东风一号"发射成功；1964年10月16日15时，中国第一颗原子弹在罗布泊试验场爆炸成功，使中国成为第五个有原子弹的国家；1967年6月17日8时，中国第一颗氢弹空爆试验成功，而截至目前，拥有氢弹的国家正好是联合国五个常任理事国:美、俄、英、中、法，这个顺序也是爆炸第一颗氢弹的顺序，法国拥有氢弹还在中国之后；1970 年 4 月 24 日 21 时，中国第一颗人造卫星发射成功，在浩瀚无垠的宇宙，一曲嘹亮的《东方红》向世界庄严宣告，中国成为第五个发射人造卫星的国家。

◆ 作为技术领导人，钱学森在领导新中国“两弹一星”事业的历程中做出了重要贡献

中国的“两弹一星”是 20 世纪下半叶中华民族创建的辉煌伟业。历史告诉我们，自力更生、自主创新，是我们在世界高科技领域真正占有一席之地的重要基石。尖端技术不可能从国外直接拿来，即使有的一时可以从国外引进，但如果我们不能进行有效的吸收、消化和新的创造，最终还是会受制于人。唯有自己掌握核心技术，拥有自主知识产权，才能将祖国的发展与命运牢牢掌握在我们手中。“两弹一星”研制成功了，中国在导弹、人造卫星、遥感与制控等方面的成就，也为以后中国航天事业的进一步发展打下了基础。1999 年 9 月 18 日，在庆祝中华人民共和国成立 50 周年之际，党中央、国务院、中央军委决定，对当年为研制“两弹一星”做出突出贡献的 23 位科技专家予以表彰，并授予于敏、王大珩、王希季、朱光亚、孙家栋、任新民、吴自良、陈芳允、陈能宽、杨嘉墀、周光召、钱学森、屠守锷、黄纬禄、程开甲、彭桓武“两弹一星功勋奖章”，追授王淦昌、邓稼先、赵九章、姚桐斌、钱骥、钱三

强、郭永怀“两弹一星功勋奖章”（以上排名以姓氏笔画为序）。

青蒿素研制成功是中国对世界医药行业做出的巨大的贡献，如今，以青蒿素为基础的联合疗法（英文缩写 ACT）是世界卫生组织推荐的疟疾治疗的最佳疗法，挽救了全球数百万人的生命。屠呦呦因此获得 2015 年度诺贝尔生理学或医学奖，实现了中国科技领域诺贝尔奖零的突破。屠呦呦曾表示，青蒿素的发现是中国传统医学给人类的一份礼物，在研发的最关键时刻，是中医古代文献给予她灵感和启示。她说的中医古代文献就是东

◆ “两弹一星”功勋奖章获得者（部分），历史将永远铭记他们

晋葛洪的《肘后备急方》。据媒体报道，《肘后备急方》中的几句话引起了屠呦呦的注意:“青蒿一握，以水二升渍，绞取汁，尽服之。”意思是:青蒿一把，用两升水浸泡，搅碎过滤取汁液，一次全部喝下。这仅仅是《肘后备急方》中不起眼的一处记载，若不是屠呦呦的火眼金睛，这种治疟神药很有可能还深埋在故纸堆中。

世界卫生组织全球疟疾项目主任佩德罗·阿隆索说:“截至目前（2019年6月），青蒿素联合疗法治愈的疟疾病患已达数十亿例。屠呦呦团队开展的抗疟科研工作具有卓越性，贡献不可估量。”针对近年来青蒿素在全球部分地区出现的“抗药性”难题，屠呦呦及其团队经过三年攻坚，在“抗疟机理研究”“抗药性成因”“调整治疗手段”等方面取得新突破，提出应对“青蒿素抗药性”难题的切实可行的治疗方案，国际顶级医学权威期刊《新英格兰医学杂志》于2019年4月24日刊载了屠呦呦团队的该项重大研究成果和“青蒿素抗药性”治疗应对方案，引发业内关注。在“青蒿素抗药性”研究获得新突破的同时，屠呦呦团队还发现，双氢青蒿素对治疗具有高变异性的红斑狼疮效果独特。由屠呦呦团队成员、中国中医科学院研究员廖福龙等专家撰写的关于青蒿素的传统中医药科研论著，首次被纳入2019年底再版的国际权威医学教科书《牛津医学教科书（第六版）》。《牛津医学教科书》主编考克斯教授对传统中医药论著纳入该教科书感到高兴，他说:“中医药章节既重要又具深度，这一切都是中国科学家杰出努力的结果。”

2. 从上天入海到超级计算机

科技给人以信心，科技给人以力量。进入21世纪以来，中国在多个方面已接近世界先进水平，在少数领域甚至实现了反超。我们看“上天入海”——航天和深海探测两个方面。中国实施了载人航天工程，先后将11名宇航员送入太空，其中宇航员景海鹏曾三次进入太空。2016年发射的“神舟十一号”飞船在轨驻留时间长达一个月之久。在短短几年内，我们开始建立自己的空间站——“天宫号”空间站，中国将会是唯一一个独立拥有空间站的国家。深海探测方面，中国虽然起步很晚，但近年来进步神速，研发出了各种类型的探测器，如“蛟龙号”载人潜水器，实现7000米下潜深度；“深海勇士号”载人潜水器，对“蛟龙号”进行了升级和改造；“海斗号”水下机器人创造了中国水下机器人下潜及作业深度10888米的纪录；“潜龙一号”“潜龙二号”自主水下机器人标志着中国深海资源勘查装备已达到实用化水平；“发现号”水下缆控深海机器人，是专为科考量身定制的实验利器。

除了工程技术领域，中国的基础研究也正在迎头赶上。基础研究决定着未来科技的制高点，新生事物诞生的时候往往意识不到将来可能的用处，就像20世纪初的研究者们谁也没想到，原子核这样的研究课题将会催生出威力巨大的核武器。如果今天不做大做强基础研究，将来某个点闪

◆ “伟大的变革——庆祝改革开放40周年大型展览”航天科技展台

光时就会追悔莫及。暂且不讨论欧美诸国，只需看看近邻日本的发展便可知晓。日本有强大的科技作为支撑，曾长期占据经济总量世界第二的位置，2010年以后才被中国超越。但在基础科学领域，日本的优势依然巨大。进入21世纪以来，已有19位日籍或日裔人士获得诺贝尔奖，平均一年一位。诺贝尔奖有滞后性，获奖成果多在十几年或数十年前做出。这正是日本在经济高速增长时大力发展科技的成果。

近年来，受益于经济社会的高速发展，中国基础研究的路越走越顺畅，也将为以后的发展贡献巨大的能量。这其中涌现出一大批成果，实现了对国外高科技的全方位追踪，甚至在个别领域做到了世界领先。以超级计算机为例，国防科技大学研制的“天河一号”，在2010年全球超级计算机500强榜单中名列第一，由此拉开了中国超算超越美国的序幕。此后“天河二号”连续六年保持领先。后来美国进行了出口管制，不再提供英特尔和英伟达的相关芯片。2016年，由国家并行计算机工程技术研究中心研制的“神威·太湖之光”名列当年超算榜单第一。更重要的

◆ “蛟龙号”载人潜水器模型

是实现了超算的国产化，基于中国自主研发的“申威26010”众核处理器，采用64位自主申威指令系统。2017年11月出炉的全球超级电脑500强榜单中，美国入选143台，中国入选202台。中国超算不仅在质量上超越了美国，在数量上也胜于美国。超算有什么用处呢？除了与人们生活中的天气预报、地震模拟相关，超算在力学和生物制药等方面有绝对的优势。中国最后一次核试验在1996年，此后便转向理论模拟。新型飞机、航天器、超音速武器的设计，都离不开超算的支持。未来生物研究和新药研发，也更加依赖超算。

中国连续建造了许多大型科学装置，如500米口径球面射电望远镜（英文缩写FAST）、上海光源、散裂中子源等，有力地促进了相关领域人才的培养和学科的发展。同时，在量子通信、铁基超导、合成生物学领域步入世界领先行列，深地探测、干细胞、基因编辑领域也取得了重要原创性突破，还涌现出以量子通信京沪干线、“悟空号”卫星、“墨子号”卫星等为代表的一批重大

◆ 国家航天局对外发布的“嫦娥四号”着陆器彩色全景图

◆ 500米口径球面射电望远镜模型

成果。科技实力正从量的积累向质的飞跃、从点的突破向系统能力提升转变，在若干重要领域开始成为全球创新引领者。

科技正在成为驱动社会前进的重要力量。以数据来看，2018年，我国研究开发费用支出占GDP的比重为2.15%，研发人员总量达到418万人，居世界第一；国际科技论文总量和被引次数稳居世界第二；发明专利申请量和授权量居世界首位；国家综合创新能力目前位列世界第17位。2018年，我国基础前沿和战略高技术领域创出多个国际“首次”：首次在半导体量子点体系中实现三量子比特逻辑门，首次发现铁基超导体中的马约拉纳束缚态，首次人工创建单条染色体真核细胞，首台散裂中子源建成并投入运行，“嫦娥四号”探测器首次成功登陆月球背面，国产大型水陆两栖飞机水上首飞……

知识拓展

改变中国，让世界惊叹的“新四大发明”

近年来，中国在各领域取得了飞速发展，其中比较有代表性的就是“新四大发明”，即高铁、网购、移动支付和共享单车。众所周知，中国古代的四大发明——造纸术、指南针、火药及印刷术，对人类文明的进程产生了重大影响。现在流行的新四大发明，来自北京外国语大学丝绸之路研究院的一次民间调查。2017 年 5 月，“一带一路”国际合作高峰论坛即将在北京举办之际，北京外国语大学丝绸之路研究院面向来自“一带一路”沿线 20 国的在华留学生进行问卷调查，其中“如果可以，你最想把中国的哪种生活方式带回自己的国家”的提问，留学生们的回答惊人一致：高铁、移动支付、共享单车、网购。这四种渗透进中国居民生活的方方面面的新事物，成为外国人眼中的中国新四大发明。

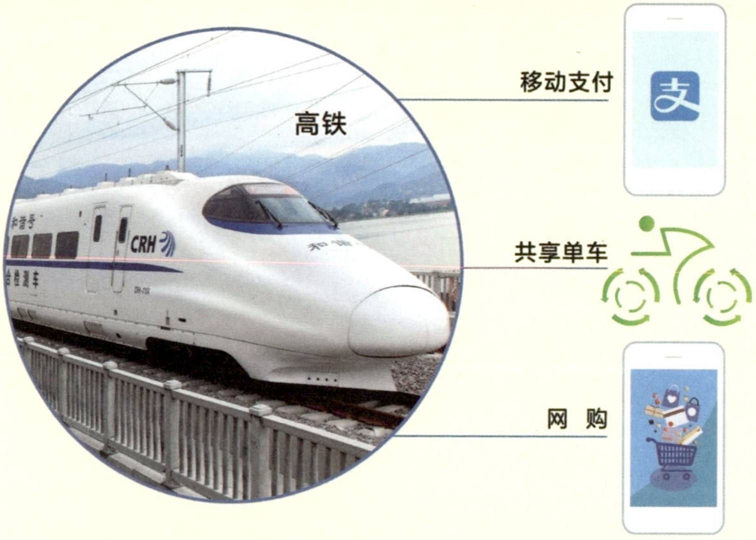

◆ 中国新四大发明：高铁、移动支付、共享单车、网购

外国留学生的新四大发明评选实际上是对一种新型生活方式的推崇。不可否认的是，新四大发明背后的技术并非起源于中国，有的技术早在几十年前就已问世了。根据国际铁路联盟的说法，世界上最早的高速铁路服务始于1964年的日本新干线，网购的概念是英国人迈克尔·奥尔德里奇于1979年首先提出的，而世界上最早的移动支付是1997年在芬兰完成的；此外，最早的共享单车“白色自行车计划”出现在20世纪60年代的荷兰阿姆斯特丹。虽然不是所有这些概念、商业模式或相关科技都起源于中国，但中国人用自己的智慧与创造，将其打造成闪亮的“中国名片”。

新四大发明在当今这个时代不是凭空出世，它们是中国过去40多年改革开放，甚至更长时间以来，中国的工业体系和经济体系长期积累所形成的巨大经济体和分工网络的结晶。无论是一日几千里的高铁，还是自行车王国产生的共享单车，巨大的物流网络支撑的网购，以及先进的移动互联网所支持的移动支付的体系，背后都有巨大的中国经济的实体作为支撑。新四大发明服务于中国人的衣、食、住、行各个方面，它们是进入21世纪以来中国人民生活水平提高的体现，是改革开放40年来巨大成果的体现，是中国综合国力大幅度提升的体现。曾以古代四大发明推动世界进步的中国，如今又以“创新、协调、绿色、开放、共享”的发展理念在世界舞台上彰显了中国风格、中国气派。

放眼全球，中国在不同的科技领域全面开花，从基础研究到应用领域，中国展现出来的万物竞发、生机勃勃的创造力和活力，是古往今来从未有过的。习近平主席说：“今天，我们比历史上任何时期都更接近、更有信心和能力实现中华民族伟大复兴的目标。”

（本章执笔：王曙光博士）

中外科学技术对照大事年表

（1912 年到 2000 年）

航空、航天、通信

中　外

1931 年　施密特发明折反射望远镜，有效视场宽阔，在巡天照相观测中起着无可替代的作用

1935 年

- 中国首个航空风洞由清华大学设计建成
- 英国发明第一套侦测飞机的实用雷达系统
- IBM 公司推出穿孔卡片计算器

1938—1945 年　楚泽制造电磁式计算机样机，为提高效率甚至设计了编程语言 Plankalkuel

1955—1956 年　第一代操作系统出现

1957 年　苏联发射第一颗人造地球卫星“斯普特尼克 1 号”

1958 年　美国国家航空航天局（NASA）建立

1959 年　苏联探测月球获得成功

1964 年　恩格尔巴特发明鼠标

1964—1973 年　中国研制大型数字计算机

阿塔诺索夫与贝利开发出真空电子管计算机ABC

1939年

艾肯与IBM公司合作研制大型通用电磁式计算机，1944年5月完工并投入使用，初名ASCC，后改名Mark I

1944年

1945年

冯·诺依曼与ENIAC（电子数字积分计算机）研制组成员戈德斯坦共同提出全新的"存储程序通用电子计算机方案"

1946年

威尔克斯根据冯·诺依曼起草的设计方案制造存储程序式电子计算机

1954年

巴克斯开发FORTRAN（公式翻译）语言，是最早出现的计算机高级编程语言

1967年

布卢姆博士论文《与机器无关的递归函数复杂性的理论》的详细摘要发表，提出有关计算复杂性的4个公理，被称为布卢姆公理系统

1969年

霍尔发表《计算机程序设计的公理基础》，提出霍尔逻辑，即程序设计语言的公理化定义方法

美国宇航员登上月球

“长征一号”运载火箭把中国第一颗人造卫星“东方红号”送入预定轨道

1970 年

美国建立全球定位系统（英文缩写 GPS）

太阳系行星空间探测进入高潮，美苏发射大量行星探测器，两个“旅行者号”相继飞出太阳系，携带载有人类信息的镀金铜质唱片，希望送给可能遇到的外星人

20 世纪 70 年代

中国研制成亿次巨型计算机“银河 –I”

因特网在美国正式诞生

1983 年

采用图形工作界面的个人计算机 Lisa、Macintosh 在苹果公司诞生

1983—1984 年

第一套联机手写汉字识别系统研制成功

CD–ROM 驱动器问世

微软公司发布 Windows 1.0

1985 年

MICROSOFT WINDOWS

中国学术网建成中国第一个因特网电子邮件节点

1987 年

计算机声卡、WPS 文字处理软件问世

1989 年

1991 年

伯纳斯 – 李开发出万维网

博客的原型诞生

1993 年

即时通信软件 ICQ 诞生

1996 年

icq

1971年

英特尔公司推出微处理器芯片4004，为个人计算机的诞生奠定了基础

汤姆林森开发出电子邮件

1976年

阿佩尔和哈肯借助电子计算机证明四色定理

1979年

王选研制出汉字激光照排系统，被誉为“汉字印刷术的第二次发明”

夏普公司研制成第一台手提式计算机

具有高可靠性、易维护性、结构化程序构造、信息隐蔽、数据抽象等特点的编程语言问世，被命名为Ada，以纪念世界上第一位计算机程序员阿达·洛夫莱斯伯爵夫人

1981年

IBM公司推出IBM PC 5150，标志着个人计算机时代来临

1997年

火星车“索杰纳”(Sojourner)考察火星，大量迹象表明火星在古代时曾洪水泛滥，气候也远比现在温暖

计算机“深蓝”战胜国际象棋世界冠军卡斯帕罗夫